何が「地方」を起こすのか

IT、「橘街道プロジェクト」、戦略と戦術と方法論

中村 稔

(前)独立行政法人
情報処理推進機構（IPA）
参事・戦略企画部長

国書刊行会

はじめに

私は、広島県広島市で生後から小学校卒業までを暮らした後、中学・高校時代を神戸で過ごし、大学から東京に出てきて就職しました。いわゆる、「地方出身者」です。

これに加えて、大阪に2回（合計4年半）、神戸に1回（3年）の地方勤務を経験し、役人生活30年のうち約4分の1の7年半を地方で過ごしました。

このように、小学生までの広島での暮らしの12年と、中学・高校と勤務での関西暮らしの13年半を合わせると、これまでの人生の半分近くは「地方」で生活してきました。

こうした経緯から、時々広島弁と関西弁が混ざった変な言葉を話すのですが、自分としては、思春期と社会人としての期間を過ごしたせいか、関西人気質の人間のように思っています。その一方で、東京で働いていると、一応標準語っぽい言葉をしゃべり、都会人のようなふりをして暮らしている自分が不思議な気がしています。

もっとも、東京及びその近郊で生活している人の多くは、何代も前からこのエリアに住んでいる人というより、私のような地方出身者かその子孫というケースがあてはまるのではないでしょうか。年中行事となっている年末年始やお盆の帰省ラッシュを見るにつけ、こうした思いがします。

関西に暮らしていた際、「東京は、３００年前まではインディアンしかいなかったのに世界中から移民がやってきて繁栄した米国のようなところで、一方で、関西は、土着の人が多く住み、京都・大阪・神戸といった独自の歴史と文化を持ち、張り合いながら「関西」と称している姿は、まさに英独仏伊などが共存する（米国より少し落ち目の）ヨーロッパのようだ」と言う人がいました。

かつては政治経済や文化の中心で上方《かみがた》と称して繁栄していた関西が首都の座を東京に奪われた恨み節にも聞こえますが、「東京は米国で、関西は欧州」というのは、面白い言い方だと思います。

ちなみに、今でも京都の人の中には、「ほんまもんの都は京都で、東の京都のことを「東京都」と呼ぶんや」と言う人もいます。

また、食文化をはじめとする様々な文化の中心であった上方から良い物だけが江戸方面に下って行ったことから、「つまらないものは下らない」ということが「くだらない」の語源になったという説もあります。

このように、地方の中でも歴史や文化に根ざす地域資源に恵まれ、地力もある（と思われる）関西においてすら、東京一極集中とか、東京の一人勝ちと言われる現象に対してやっかみ半分の言い方がなされるのを聞くにつけ、東京に比較しての地方の衰退を感じさせられたものでした。

余談ですが、関西に暮らしてみて面白いのは、「関西の地盤沈下」と嘆いているのは大概大阪の人で、京都や神戸の人はこういう言い方をあまりしません。

特に京都の人はプライドが高く、「（品のない）大阪と一緒にせんといて」という人も多いのですが、「関西の地盤沈下やて？　それ、大阪の地盤沈下とちがうの？　京都は別やわ」という声をよく聞きます。つまり、大阪の人は、「関西＝大阪」と思っているようで、「関西経済同友会」とは別に、「京都経済同友会」や「神戸経済同友会」があるのが笑えます。大阪の人は、正直に「大阪経済同友会」と言えばいいのに、「関西」と言って何ら不思議に思わないのが不思議です。

また、ある時、「関西経済連合会」の幹部が兵庫県庁を訪れ、「これからの関西経済連合会は、兵庫県をはじめ、大阪以外の地域との連携を深めたい」と述べられました。この発言もよく考えると不思議ですが、さらに、この方は、「神戸は大阪の衛星都市として頑張ってほしい」と妙なエールを送りました。この発言にはさすがに黙って聞いていた兵庫県庁の幹部もキレてしまったのを覚えています。

関西ってホントにややこしいですよね。まるで域内でいざこざの絶えないヨーロッパを見ているようです。東京や関東の人からみると、「コップの中の嵐」かもしれませんが。

さて、近年、我が国が人口減少社会に突入し、「消滅都市」といった刺激的な言葉が語られるようになると、「地方」にまたぞろスポットライトが当たり、「地方創生」が最重要課題の一つとして取り上げられています。

これまで、長年にわたり数々の「地方政策」が実施されてきましたが、実際にどの程度これらの政策が地方の活性化を実現してきたかを振り返ると、残念ながら、まだまだ十分というには程遠いという厳しい評価も耳にすることがあります。

本書は、こうした既往の政策の批判をするのが趣旨ではなく、今後の地域振興や地方創生に何が必要なのかを考えてみることを通じて、我が国の経済社会の未来に不可欠な要素のいくつかを具体的に提示してみようという試みが目的です。

東京にいる「地方出身者」の私にこれまでの地方や海外での勤務・生活も含めた様々な経験を通じて見えたものは、読者の皆さんにとってどう受け止められるでしょうか。そして、「あとがき」でも触れる本書の隠されたテーマについても、ぜひ、皆さんからのご感想やご意見を伺いたいと思っています。

なお、本書に関する文責は、全て筆者に帰するものであり、独立行政法人情報処理推進機構や経済産業省とは関係ないことを予めお断りしておきます。

平成28年10月

目次

はじめに …… 3

第1部　地方創生の意義

1．そもそも地方とは何か

（1）「東京vs地方」という考え方 …… 15

（2）「地方」と「地方自治体」…… 16

（3）「地方」の概念の捉え方 …… 19

2．「地方創生」と「地域振興」～課題の混在と多様な対応策

（1）これまでの地方振興と今後の行政の在り方 …… 20

（2）地方創生を構成する要素と事例 …… 26

（3）地方創生の基軸 …… 35

（4）マクロの課題とミクロの課題……36
（5）東京一極集中問題との関係整理の必要性……38
3．何のための地方創生か
（1）機能論・効率論を超えて　～「集中と選択」が全てか？……39
（2）再生不可能な固有の価値とは……41
（3）グローバル競争と固有の価値　～北イタリアの高付加価値家内制手工業……42
（4）選択肢の自由度と懐の深い経済……43
4．構造変化（マクロ情勢）への対応
（1）世界が経験した構造変化……45
（2）グローバル化とＩＴが地方にもたらす衝撃……46
5．国際関係と地方創生　～経済、インテリジェンス、安全保障
（1）地方と地方のＤＣの意義　～Ｌ to Ｌ……47
（2）地方の取り組みが日本を救う？　～神戸医療産業都市と石油利権……49

目次

第2部　地域振興の具体策　～戦略・戦術から方法論へ

1．ＩＴ活用が地方創生にもたらすインパクト

（1）オープンイノベーション　～地域や業種を超えた連携、「産学官金報民」連携とＩＴ……61
（2）データ（情報）の活用　～プラットフォームビジネスの進化……63
（3）インターネット社会における情報の非対照性の克服……68
（4）フィンテックのもたらすもの……69
（5）地方の弱点を埋めるＩＴ……70
（6）サイバー空間が第三者評価の役割を果たす……72
（7）Ｗｉｎ‐Ｗｉｎ関係の構築……73
（8）バーチャルとリアルの融合　～インターネットの威力……75

2．価値づくりの実例

（1）日本製哺乳瓶の快進撃　～物だけでなくソフトも売る……77
（2）客の来ないフランス料理屋がつぶれない理由　～どこで価値を生むか……79
（3）トラベルシューズと高いビール　～「もの」を売らずに「こと」を売る……81

（4）赤字ローカル線の復活　～ステークホルダーのインボルブ……82
（5）神戸コレクション　～消費者のインボルブとターゲティング……83
3．プラットフォームの形成と活用
（1）プラットフォームの基軸　～日本の歴史・文化・自然……86
（2）Ｗｉｎ‐Ｗｉｎ‐Ｗｉｎの関係づくり（Ｂ to Ｂ to Ｃ）……87
（3）地域や業種を超えた連携、「産学官金報民」の連携……88
（4）「出口」を意識した取り組みとは……91
（5）実験としての「橘街道プロジェクト」……93
第3部　地方創生と我が国発展の未来像
1．地方創生に取り組むに当たって　～戦略と戦術と方法論
（1）観光・ツーリズムの持つ意味　～戦略的視点の重要性……137
（2）仕掛けの重要性　～戦術のブラッシュアップ……142
（3）時系列を意識した取り組み　～戦術の展開……143

（4）マーケットインかプロダクトアウトか　～方法論の視点 …… 144
2．インバウンドと仕掛けについて
（1）インバウンドのインパクト …… 145
（2）試論「日本アニメランド（NAL）構想」 …… 147
3．我が国の将来と地域の発展に向けて
（1）社会課題の解決の必要性とビジネスチャンス　～ITのもたらす価値創造 …… 166
（2）地域社会こそ社会課題解決の現場　～地域のニーズ・シーズと情報活用 …… 171
（3）未来へ向けて　～「楽観と悲観」、「未来を予測する方法」、「りんごの木」 …… 172
おわりに …… 179
参考文献 …… 185

第1部　地方創生の意義

第一部では、地方創生の意味や地方創生を進めることの意義など、地方創生に関して、「何故、何のために、何を」するのかといった戦略や戦術を中心に、具体例を交えながら考えてみたいと思います。

1. そもそも「地方」とは何か

(1)「東京VS地方」という考え方

近年、「地方の時代」、「地方分権」、「地方経済の振興」という言葉を耳にすることが多く、最近では、「地方創生」といった言い方が日々政治やメディアで語られていますが、そもそも、「地方」とは何を指しているのでしょうか?

一般的に、「地方出身者」という言葉に象徴されるように、東京以外は「地方」なのかも知れませんが、昨今「地方創生」の議論に拍車をかけたとされている「地方消滅」議論では、東京都豊島区も消滅する地方の一つだとされており、東京にも地方がある（？）という変な議論を生じます。

また、東京都の福生市など、田畑も多く「都会」のイメージからはほど遠い地域も東京都であることに変わりなく、「東京」以外をいわゆる「地方」として田舎扱いするのにも違和感があります。

一方で、地方の問題は、東京一極集中の是正の問題とリンクして取り上げられることも多いので、ますます、「地方とは東京以外の地域」という概念を生じがちになっています。しかしながら、地方の経済振興を考える際においても、例えば、一部東京を含んでいる多摩地域の振興を考えるといった場合には、もはや東京か地方かという二分法はあまり意味がないのは明らかです。

（2）「地方」と「地方自治体」

「地方」という言葉を使う際に、行政区分を意識したエリアを考えるのが通例であるとすれば、「地方＝地方自治体」という概念が無意識に用いられていることが多いと思われますが、それで良いのでしょうか？

例えば、「地方消滅の問題」を取り上げる場合、「地方そのものの消滅」と「地方自治体の経営破綻の問題」が混在して扱われていることが多いと指摘されるように、「地方の問題」というときに、「地方」と「地方自治体」を混同しないように留意すべきでしょう。

この二つは共通する部分も多くありますが、必ずしも同じ捉え方ではありません。

例を挙げると、「地方消滅」（増田寛也編著）でいう「地方」とは、その副題に「896の市町村が消える前に何をなすべきか」とされているように、まさに「地方自治体」＝「地方」という捉え方がなされています。

しかしながら、仮に「地方自治体」が破綻しても、住民の生活は継続するのであって、人が住んでいる場所という意味での「地方」が無くなるわけではありません。

さらに言えば、「地方のための政策」と言うときに、「住民のための政策」なのか、「地方自治体のための政策」なのかは、よく見極める必要があるでしょう。

ある地方都市では、京都を模してなのか、川沿いの土手道を「哲学の道」と称して、舗装されていない道の真ん中に10メートル間隔で「哲学の道」と刻まれた鋳物の高価なプレートがたくさん埋めてあり、そのプレートの周りの土が掘れて人が躓きそうになっています。

果たして、このプレートは、住民のためのものなのでしょうか？　地方自治体に出入りする公共事業受注者のためのものなのでしょうか？　このプレートを埋めることに関して、とりわけ市民税や固定資産税などの地方税を納めている地元住民の声はどれだけ反映されているのでしょうか？

日本全国で、こうした類の「公共事業」が数え切れないほど実施され、税金の無駄遣いと住民の不便を生んでいるという指摘が聞かれます。

まさに、地方において、住民自治に基づく住民のための施策が行われているのか、地方自治体の地方自治体による地方自治体のための（？）施策が行われているのか、よく峻別して考える必要があると言えます。

この点に関しては、独立行政法人情報処理推進機構の「情報は誰のものか」編集委員会により出版された「情報は誰のものか」（海文堂）にも記載されているとおり、「税金はどこへ行った？」というアプリを用いてインターネット上で財政支出に関する情報を公開し、行政の透明性を高める努力をしている自治体も増えてきました。

インターネット社会が到来するまでは、住民によるこうした監視は、情報公開を求めるか、新聞の折り込み広告と一緒に入っている「市議会だより」などを見て情報を得るしかなかったわけですが、欲しいときに欲しい情報を手に入れるのは簡単ではありませんでした。まさに、インターネット社会になって、地方自治体の施策に対する住民監視のあり方も大きく変貌しつつあり、自治体と住民の関係も新たな段階を迎えています。

（3）「地方」の概念の捉え方

こうした「地方」をめぐる概念整理を行っていくと、先ほど触れたように、豊島区や福生市、あるいは多摩地域と東京都との関係で「地方」を論ずる際にも、何を「地方」と呼んでいるのかをあらためて考えさせられることとなります。

つまり、「東京以外を地方と呼ぶ」といった整理の仕方ではなく、どういう文脈で「地方」という言葉が使われているのかを注意深く考えてみることが、重要だと考えられます。

以下、このように、実は「地方」という概念が地方創生とか地域振興という文脈の中でも揺れ動いていることにも留意しながら、話を進めてみたいと思います。

2.「地方創生」と「地域振興」〜課題の混在と多様な対応策

(1) これまでの地方振興と今後の行政の在り方

地方の活性化を目的としたこれまでの施策を全て検証するわけにはいきませんが、いくつかの象徴的な施策を振り返ってみましょう。

まず頭に浮かぶのは、1988年から2年間にわたり竹下内閣で実施された「ふるさと創生1億円」事業です。この各自治体に政府から現金を配って地域振興に使うという事業の中には、1億円で純金のしゃちほこを作った自治体もありましたが、一過性の話題で終わってしまいました。

また、地方振興そのものではありませんが、GATTウルグアイラウンドでの貿易自由化に対する農業対策として6兆円もの税金が投入され、各地に温泉ランドができたりしましたが、農業の国際競争力の向上とは関係なかったうえに、安易な補助金だのみの運営が仇《あだ》となり、廃墟と化した施設も少なくないようです。

多額の税金が使われた結果、いったい何が残ったのでしょうか? 何がおかしかったのでしょうか？　どうすれば、真の地域振興に役立ったのでしょうか？

この答えは、本書のテーマの一つでありますし、ぜひ読者の皆さんお一人ひとりでも考えてみてもらいたいポイントなのです。

こうした過去の事例から見えてくる一つの考え方は、上から（国から）の地方振興策はうまく行かないことが多いということです。

国で考えた制度に地方が応募して補助金をもらうというワンパターンが繰り返されて来ましたが、今後も同じことをしていたのでは地方創生もまた空振りで終わってしまうでしょう。

補助金の支給は、事業のスタートアップなどの際に役立つものではありますが、いわゆる「補助金頼み」の事業になる危険性をはらんでいます。「銀座のお姉さん」ではありませんが、「金の切れ目が縁の切れ目」で、補助金を使い果たしたら事業が頓挫するケースが後を絶ちません。

今後の事業支援は、こうした補助金政策から、地方の自立と自律を促す政策に舵を切っていくべきでしょう。

補助金頼みの事業は、いわば「おんぶに抱っこ」の事業でこれでは自分の足で立つことも自分の足を鍛えることもできません。それどころか、補助金漬けではまるで麻薬中毒のように補助金をもらい続ける体質になるケースが少なくないのです。これからの行政の支援は、補助金支給という形で「おんぶに抱っこ」するではなく、事業が自立的に進展するように「踏み台」になってあげることでしょう。

事業者にとって、補助金、すなわち「おんぶに抱っこ」の方が楽なのでしょうが、それはやめて、「踏み台」になってあげることで、自分の足で跳べるようになってもらう方が厳しいですが本当の意味で事業者のためです。行政にとっても、実は、補助金を配っている方が自ら汗をかいて踏み台になるより楽なのですが、ここは我慢して頑張ることが必要です。

では、「行政が踏み台になる」とは、どういうことでしょうか？

以下、二つの事例を挙げてみます。

一つは、福島県東白川郡塙町の事例です。

塙町では、道の駅で地元の農産物や特産品などを売ってお

道の駅はなわ（出典：福島県HP http://www.michinoeki-hanawa.jpより）

り、新鮮さや味の良さでも大評判となって近隣の町や村からの買物客で賑わっていますが、その道の駅に食品加工場を併設しています。

この加工場では、地元の農家の人たちが自分で作った野菜などを持ち込み、サラダや様々なお惣菜に加工して道の駅で販売する設備を提供しています。

個人が最初から保健所の許可をパスできる衛生管理された施設や設備を用意して事業を行うには、資金やノウハウの点で事業化のリスクが大きいので、塙町がこうした施設や設備を用意し、事業者は、この環境で互いにノウハウを持ち寄り徐々に習熟しながら事業を続け、資金も貯まったところで、事業化に目途がついた人から自宅に施設や設備を用意して自立して行きます。いわば、農業版のインキュベーション施設です。

事業化できるかどうかは、個々の事業者の能力次第なのですが、初期投資や事業の立ち上がりのリスクは行政で補完するという形です。まさに、行政が踏み台にはなりますが、事業者は能力次第で自分の足で跳ぶというスタイルです。補助金頼みや補助金漬けでは、事業者は巣立っていかないのです。

こうした塙町の取り組みの結果、多くの農家が自宅に食品加工施設を自力で整備し、農産物にさらに付加価値を付けて販売し、利益を上げています。

しかも、こうして新鮮な食材で作られた安心安全で美味しい惣菜が人気を呼ばないはずがなく、塙町の道の駅の評判自体を高めているという相乗効果を生んでいるのです。

こうした塙町の「補助金漬け」政策ではない、「踏み台提供型」政策の成功事例は、今後の農業振興や様々な地方創生に向けた政策の立案や実施にとって大変素晴らしい道しるべとなることでしょう。

もう一つは、兵庫県の商工会議所への補助金削減の事例です。

私が兵庫県の産業労働部長をしていたとき、阪神淡路大震災の県債管理基金が払底して兵庫県の財政状況が極度に悪くなり、職員の給与カットという事態にまで陥りました。このため、各種の補助金もカットせざるを得なくなったのですが、県から商工会議所に出していた補助金も大幅にカットしました。これに対し、案の定、商工会議所側からは怒りの声を頂戴したのですが、商工会議所所管責任者としては、これを受け止めながらも補助金カットを承諾してもらわなければなりませんでした。

その際、私から商工会議所に提案したのが、「県には配る魚（お金）が無くなったので、網を配ります。その網で魚を獲って食べてください」と伝えました。つまり、「補助金は配れないので、自分で収入を稼ぐ仕組みを用意します」と伝えたのでした。これに対して、商工会議所からは、「魚はすぐに食べられるが、網をもらっても、その網を食べるわけにいかない」という不満が出ました。何も、魚の代わりに網を食べろと言ったのではなく、自分でその網（仕掛け）で魚を獲って（金を稼いで）くれ」と言ったのです。

その網とは、例えば、商工会議所がその会員の企業の中で技術支援を受けたい中小企業等を県立工業技術センターの技術指導の対象に推薦し、その推薦を受けた工業技術センターでは、一流の指導員による相談事業を行うといった連携事業や、資金調達で銀行から借り入れをする際の信用保証に関して、商工会議所の会員であれば、その推薦を得た場合の信用保証協会の保証料を割り引くといった連携方策により、商工会議所の会員のメリットを拡大し、減少傾向にあった会員数に歯止めをかけ、さらに会員の拡大を通じて会費収入を増大させるという施策でした。

この施策実現のため、産業労働部長をしていた私は自ら工業技術センターの所長や信用保証協会の理事長にところに出向いて直談判して連携体制を構築したのでした。

実は、こうした連携によって、工業技術センターにとっても相談内容のスクリーニングができるし、信用保証協会にとっても財務諸表には表れない与信判断材料が手に入って事故（焦げ付き）率が下がるというメリットも考えられ、Ｗｉｎ－Ｗｉｎでの連携事業の成立も狙ったのでした。

そして、何よりも会員、つまり中小企業の事業者にとっても、敷居が高かった工業技術センターへの推薦がもらえるし、信用保証料の割引によって資金調達コストが下がるメリットが生まれるといった、まさにWin‐Win‐Win関係の構築を目指したのでした。

このような、「魚を配らずに網を配る」施策は、当初、反発をくらいましたが、徐々に理解を得て、商工会議所やその会員のみならず、様々な関係者にメリットを生むこととなったのです。

こうした「魚を配らずに網を配る」という「補助金頼みの政策からの脱皮」は、出す側(行政)にも受け取る側(事業者)にも苦労や痛みが伴いますが、「金がなければ知恵が出る」というわけで、地方創生に関する政策を企画立案する上でも、さらには、今後の行政改革の文脈でも重要な観点ではないかと考えています。

(2) 地方創生を構成する要素と事例

「地方創生」とひとことで言っても、多くの要素を含んでいることに留意することが必要です。

その要素の中には、「地域活性化」（経済的施策）、「地域再生」（再編的施策）、「地域づくり」（自治的施策）、「地域おこし」（情緒的施策）といったものを挙げる考え方もあります。（「一般社団法人村楽」の資料より）

これを私なりに解釈してみると、

まず、「地域活性化」は、

○地域資源を生かした農林水産業や観光産業の活性化

○地域発の新たな財やサービスの提供を行う新ビジネス創造

○海外の市場や生産拠点と地方企業とのビジネスマッチングを通じた経済活動の拡大

などの経済的な施策が例として挙げられるでしょう。

次に、「地域再生」は、

○地域経済社会の分析とその結果に基づく街づくり

○大都市から地方への人材還流システムの構築、地方移住の推進

○サテライトオフィスなどの企業の地方拠点強化

○クラウドソーシングやテレワーク等による地方での雇用創出

などの経済社会の再編的な施策が挙げられます。

また、「地域づくり」としては、
○地域連携による広域行政サービスの実現
○スマートシティの形成
○電子健康手帳の導入等による妊娠・出産・子育ての切れ目ない支援
○コミュニティサイト等による子育て支援の充実
などの生活者目線での自治体としての施策が必要になるでしょう。
さらに、「地域おこし」としては、
○地域情報の共有化・発信による地域の誇りや郷土愛の醸成
といったシビックプライドの形成が求められます。
これらの要素を実現している事例として、以下の4都市を取り上げて分析してみましょう。

事例1〈富山市〉
富山市は、県庁所在地の都市として全国で2番目の広さであり、典型的なクルマ社会で高齢者の運動不足により高齢者医療の支出割合が増加していました。

このため、ＧＩＳ（Global Information System）を用いて人口分布や公共施設の位置関係などの分析を行い、公共交通（LRT＝Light Rail Transit）の活用によるコンパクトシティの実現に向けた施策を立案・実施しました。車と異なり、公共交通での移動は、自宅から駅までや目的地での徒歩移動が多いため、高齢者が歩く機会が増加します。

その際、高齢者が市内中心部に来る際には、いくら遠くからでもバスも含めた公共交通利用料金を１００円均一にした結果、高齢者の公共交通利用による市内中心部への来訪が増加し、医療費の抑制も実現しました。さらに、高齢者が孫と市立の文化施設来た場合に入場料を無料にした結果、高齢者が孫と一緒に外出する機会が増え、その際に孫のために財布の紐が緩むという経済効果も生みました。

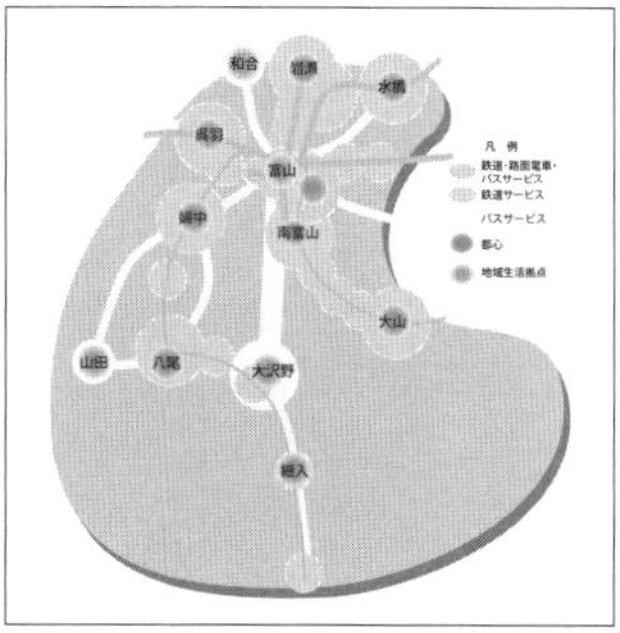

富山市が目指す都市構造（提供：富山市）

なお、交通費補助額より医療費の抑制効果の方が大きくなったため、財政にも貢献しましたが、それよりもっと重要なことは、この施策によって、高齢者が健康になった、孫と外出する機会が増えた、すなわち、地域の住民の幸福度合いが増したということなのです。

このような結果を生む施策の展開こそ、世界に類を見ない速さで超高齢化社会を迎える我が国における地方創生の真髄の一つと言えるでしょう。

事例2〈日南市〉

日南市は、強大な島津藩の脅威と対峙せざるを得なかった弱小藩として藩校を中心に人材育成に力を注いだ飫肥《おび》藩280年の伝統を引き継ぎ、人口減少が続く中で「人」を生かす様々な取り組みを進めています。

その「人づくりこそがまちづくり」であるという考えを表す共有コンセプトが「創客創人」です。これは、「様々な分野において、今あるもの、資源の中から、人々が望む価値を見出し、それを実現する製品やサービスなどを創り出し、「新しい需要＝客」を創り、その客を幸せにする仕組みを創れる人材を育てることです」

創客創人
SOKYAKU-SOJIN
日南市

「創客創人」コンセプト・ロゴ（提供：日南市）

（「日南市重点戦略プラン」より抜粋）

その一つとして、市役所が民間人を登用し、ＩＴを活用したマーケティング戦略を推進しています。例えば、特産の飫肥杉で作った日用品をクラウドファンディングで拡販してニューヨーク進出を果たしたり、港湾地域のレンガ倉庫を改装して日本初の登録文化財利用となったコワーキングスペースをインターネット環境とともに整備したり、クラウドワークスなどのクラウドソーシング企業との連携により日南市在住で仕事ができるテレワーカーやウェブライターの育成事業を実施しています。

このように地域資源の活用と人材育成や外貨獲得（地域以外の需要の獲得）をＩＴで繋いだ相乗効果が生まれ始めています。その結果、人口減少に歯止めがかかるとともに、市民の間で創業などの自発的なチャレンジが生まれ、地域外からの問い合わせが増えるなどのイメージや知名度の向上にもつながっており、「シビックプライド」が高まりつつあります。

事例３〈上勝町〉

上勝町は「葉っぱビジネス」で有名ですが、このビジネスの成立の背景には、この地域にもともと花木の産地としてノウハウがあったことに加え、インターネットやＩＴデバイスを利用し、リアルタイムのマーケット情報と「葉っぱ」の収穫・出荷のタイミングをリンクさせ、圧倒的な市場支配力を確立したことが挙げられます。

なお、このビジネス成立の背景として、そもそも「葉っぱ」の市場が2億円程度の規模の市場のため、大企業が参入しなかったことや、IT活用により他に先駆けて先行的にビジネス化したために市場の寡占化が可能となったことも挙げられます。

加えて、こうしたインターネットでの情報共有は、「葉っぱ」農家の間での競争意識を刺激し、高齢の地元農家の人たちを活気付け、元気にしたということも、その成功の原因であり結果でもあるとの興味深い話もあるようです。

出典：株式会社いろどりHPより

上勝町の「葉っぱビジネス」の成功は、地域資源とITの活用と一言で言っても、実際には、それぞれの地域ごとの様々な背景や工夫があってこそ成り立つものであることを「葉っぱ」というどこにでもあるありふれた資源であるからこそ、改めて認識させられる事例なのかも知れません。

事例4〈神山町〉

徳島市からバスで約1時間かかる神山町は、高齢化と人口減少で空き家が増加する典型的な過疎の町でした。

一方で、四国八十八箇所の焼山寺を擁し、お遍路さんを受け入れるおもてなしの伝統があり、海外からの芸術家を招いたフェスティバルを開催すると客も含めてリピーターとして戻ってくるという文化や雰囲気を有しています。

インターネット環境を利用したテレワーク
出典：神山町資料より

加えて、徳島県は、地上デジタル放送の開始の際、関西地域のテレビ放送が見られなくなったことへの対策としてCATV化を進め、高速大容量の光ファイバーケーブルを県下全域に敷設していました。

神山町では、このような全国的にも類を見ないインターネット環境とおもてなしの文化を生かし、豊かな自然環境の下で古民家や遊休施設を活用したサテライトオフィスの誘致を行った結果、すでに十数社が進出し、直近5年間で社会増を達成するなど、過疎に歯止めがかかり、おしゃれなピザ屋やコーヒーショップもできるなど町に賑わいが生まれています。

この背景には、過疎の現状を受け止め、人口減少の中でも生活環境が豊かになるためにその地域にどのような店舗が必要かを住民が話し合い、移住希望者の中からその店舗をやりたい人を選んで移住してもらうという新たな地域計画作りの手法が用いられたことも挙げられます。

クリエーターの仕事場のように、満員電車の通勤地獄を経てたどりついたコンクリートのオフィスで仕事をしなくとも、大自然の中の洒落た古民家オフィスでのびのびと創造的な作品を生む場が提供されています。

しかも、例えて言えば片側4車線の高速道路にほとんど車が走っていない状況の中ですいすいと飛ばせるようなインターネット環境が整備されており、デザインや画像などの大容量のデータ送信も簡単にできるので、こうした大量のデータを扱う仕事の環境としては理想的とも言えます。

これは、東京でないと仕事ができないのではなく、むしろ東京よりよほど生産性が高まることを地方で実現しているという意味で、ＩＴとインターネット環境を活用した「東京一極集中の是正」の事例としてもたいへん素晴らしいものといえるでしょう。

（3）地方創生の基軸

今や毎日のように語られる「地方創生」という言葉ですが、その意味するところは、多様なものがあります。

一般的に言うと、地方創生とは、東京一極集中の是正、地域社会の問題解決、地域経済の発展などが主な内容で、その結果として、日本経済全体の活性化や少子高齢化・人口減少問題への対応が図られるということが大まかな捉え方でしょう。

言い換えると、地方創生の実現には、経済問題にとどまらず、医療・福祉や教育などのようにどの地域でも課題とされている社会問題の解決も含めた総合的な取り組みが求められると言えます。

その一方で、これらの要素の中で敢えて優先順位をつけるとすると、やはり地域の経済の発展なくしては、社会課題の解決のための手段が実行できなくなるという意味では、地域経済の活性化や発展の促進、すなわち、地域（経済）振興が地方創生の根幹を成すと言っても間違いではないでしょう。

先ほど挙げた4都市の事例でも、地方において高齢化や過疎を原因として生じる様々な社会課題の解決には、目的であれ結果であれ、経済の活性化という要素が不可欠であることが見て取れます。

したがって、地方における課題は、地域ごとに強弱の差こそあれ、人口減少問題、医療・福祉・教育問題、産業振興など様々に混在していることを認識しながら、地域振興を軸にしつつ、これらの諸課題を同時解決していく姿勢こそが求められていると考えられます。

(4) マクロの課題とミクロの課題

人口問題などの我が国全体のマクロの問題と地域にも生じているミクロの問題との間でその解決策に整合性がないことが起こり得ます。

例えば、「近隣窮乏化政策」という言葉がありますが、ある地方で若年労働者を誘致する優遇策を講じると、他の地域からの人口移動が起こり、いわゆる「勝ち組」と「負け組」ができただけで、いわゆる「ゼロサムゲーム」となり、国全体としての人口減少問題の解決にはなりません。

例えば、A村で若い夫婦向けに家賃の安い村営住宅を提供したり、近所のお年寄りが子育て相談に乗ってくれる新米ママ向けの集会所を設けたり、保育所を充実させたりすると、隣のＢ町から子連れの若い夫婦が移住してくるかもしれません。しかし、これでは、単にＢ町からＡ村にこの世帯分の人数が移動しただけで、Ａ村とＢ町の合計の人口は変わりません。

我が国全体としての人口減少問題への対応は、このように地域間での人口移動に終始したのでは意味がありません。これは、東京と地方の間に関しても同様です。

一方で、Ａ村のような子育て支援の結果、移住してきた若い夫婦がもう１人とか２人とか子供を増やしたならば、その若い世帯の転出によるＢ町の人口減を補ってこれら二つの村と町の合計の人口そのものが増加します。

このように、各地域が子育て支援に向けた努力をすれば、国全体としても人口増加につながることなので、地方というミクロレベルの対策が国全体というマクロレベルでの解決に寄与する関係が生まれます。

国を挙げて地方創生に向けた施策を推進する際には、このように部分最適が必ずしも全体最適ではないこと、例えて言えば、自分の庭先だけをきれいにする対策を講じただけでは街全体は美しくならないということを意識しつつ、その一方で、それぞれの地域での努力が全体としての成果を生むことにもつながり得るということも考えてみることが重要です。

（5）東京一極集中問題との関係整理の必要性

地方創生や地域振興と言うと、東京一極集中の是正という課題とセットで議論されることが多いのが実情です。

この二つの大きな課題は当然深くリンクしていますが、前述の人口問題と同様に、単に東京から地方へ産業や人口を移転させただけでは、何らかの効果はありつつも、全体のパイの大きさが変わらなければ、ゼロサムゲームに終始して日本国内で勝ち組と負け組ができるだけで、本質的なソリューションにはなりません。

ここで、二つの点を指摘したいと思います。

第一は、そもそもパイの分け方ではなく、その前にパイの拡大を考えるべきという点です。

第二は、集中のメリットと分散のメリットを丁寧に考えて、東京一極集中の方が日本全体としてのトータルなメリットが大きい経済社会分野と、集中によるデメリット、さらには、分散のメリットを分野ごとに考えることが重要であるという点です。

例えば、国際金融市場での競争に関して、ロンドン、ニューヨーク、東京でしのぎを削っている中で、日本だけ東京の機能を大阪その他の地方都市に分散してしまうと、それでなくとも分の悪い東京がさらにロンドンやニューヨークに置き去りにされてしまうでしょう。

一方で、例えば、水資源や土地、労働力などの生産資源を多く投入する産業分野や市場に近いほうが流通コストを含めた競争力が高まる分野では、分散のメリットが大きくなるでしょう。

このように、「東京一極集中は是か非か」という二分論的な捉え方ではなく、分野や位置付け、効率性、国際競争力といった様々な観点から、地域振興や地方創生との関係についての肌理の細かい議論を積み重ねていくことが求められています。

3. 何のための地方創生か

（1）機能論・効率論を超えて　～「集中と選択」が全てか？

ここまで、地方創生の位置付け、内容、意義などについて検討してみましたが、そもそも、何のために地方創生が求められているのかという原点に立ち返って考えてみます。

まず、効率性の観点からは、いわゆる消滅可能性の高い地方の温存は、不効率でしょう。電気・ガス・水道をはじめ道路や橋などのインフラ整備、社会制度基盤の維持など、都市に集中した方が効率的なことは自明です。

また、地域の持つ機能に関しても、生産性やトータルの生産高でみれば、人口密度が低い地方と人口のみならず生産財やサービス財も含めて稠密な集積がみられる都会を比較すれば、優位性がどちらにあるかは明らかでしょう。

しかし、現実に目を転じると、機能集約や効率化を追及するあまり、住居と産業・商業地域が分離され、街としての特色や魅力のない地域が増え、「ミニ東京」化が進んだ地域も少なからず見られます。

このように我が国が特色のない単に「効率的な」都市の集合体になってしまうと、全体として平板な面白みのない国になってしまいます。その場合、観光の観点からも魅力が薄れ、インバウンドの減少により経済的な損失のみならず、草の根レベルでの交流の喪失により情報発信力も衰え、その国に関心や憧れを持つ人がいなくなって国際的な評価も下がり、ついには外交や安全保障の面でもマイナスが大きくなることでしょう。

また、自然や文化の特色に裏打ちされた地域ごとに異なる価値観や能力を持つ人材がいなくなれば、ダイバーシティの欠如により、イノベーションも起こりにくくなり、新たな付加価値を生み経済成長を続ける力も喪失してしまうでしょう。

このように、機能論・効率論一辺倒による特色ある地方の喪失は、短期的な生産性向上などの経済効果を打ち消して長期的には大きな損失を生む可能性が高いと言えるでしょう。すなわち、特色ある地方が活性化することこそ、国全体としての魅力を生みインバウンドの拡大などを通じて情報発信力を高めて対外経済・外交・安全保障に寄与するとともに、ダイバーシティを育み、イノベーションの基盤を提供する原動力となって、継続的な経済成長に寄与することとなるのです。

ここに国を挙げて地方創生に取り組む必要性・重要性の一つがあると考えられます。

（2）再生不可能な固有の価値とは

また、長年にわたって培われてきた歴史や文化、自然や生活環境は、一度破壊されると再生が不可能か極めて困難になります。

一方で、豊かな自然や伝統文化など、地域固有の価値を守り、これを活かしていくことは、ダイバーシティを育み、イノベーションやクリエイティビティを生み出す原動力となると述べました。

その好例と考えられるのは、地方創生の事例4として取り上げた徳島県の神山町です。今や「神山モデル」として有名になりましたが、神山町では、徳島市からバスで1時間程度かかるなど交通の便が悪いことが幸いして（?）豊かな自然が残されており、お遍路さんを迎えるホスピタリティの伝統があったこととも相まって、のどかな雰囲気の中でクリエーティブな仕事ができることが評判となり、東京をはじめ県の内外の企業のサテライトオフィスが次々と立地しています。

先ほど述べたとおり、機能論・効率論一辺倒の観点から神山町のような長年にわたって保存され培われてきた貴重な自然や文化的社会的伝統を切り捨てて荒れるに任せるようなことをしてしまうと、これを再生することは、ほぼ不可能に近いと考えられます。

「地方が消滅する」という衝撃的なレポートの持つ意味は、このような再生不可能な価値を我々が失おうとしていることへの警鐘であると捉えることもできるでしょう。

（3）グローバル競争と固有の価値　～北イタリアの高付加価値家内制手工業

機能論や効率論は、グローバルな競争環境の中では大事な考慮要素の一つではありますが、一方で、単なる価格競争や過当競争に飛び込んでしまう危険性を孕んでいます。

例えば、北イタリアの高付加価値家内制手工業のように、革製品などのデザインや風合いの良さといった高付加価値を追求して国際競争力を維持している地域の産業が好例ですが、そこでは、製品の価値に北イタリアというブランドイメージも付加されて人気を博しているのでしょう。

このように、地域の風土・歴史・文化や伝統技術などに根ざした固有の価値は、機能論や効率論を超えた価値となり、結果としてグローバル競争を勝ち抜いていく原動力となっていると言っても間違いではないでしょう。

地方創生を考える特、こうした地域のもつ固有の価値をどう見出して活かしていくのかが大きなポイントになると考えられます。

（４）選択肢の自由度と懐の深い経済

効率化を突き詰めると、画一化、簡素化に行きつきますが、こうした選択の幅を狭めたり無くしたりしてしまうことは、ダイバーシティの喪失につながり、その結果として創造力（クリエイティビティ）を失うことになってしまいます。

今後一層厳しさを増す国際競争の中で、より付加価値の高い財やサービスの生産活動を行うために不可欠な創造力を失うことは、競争力の喪失を意味し、我が国経済の発展を危うくしかねません。

したがって、地域振興や地方創生を通じてそれぞれの地域が特色を活かしながら発展していくことにより、我が国の多様な自然・歴史・文化を維持・発展させ、生活や生産活動の選択肢の自由度を保つことが、不可欠になります。

このように地方の発展は、ダイバーシティに富んだ選択肢の自由度の大きな社会を維持・拡大し、日本全体をマクロで捉えた場合に懐の深い経済の形成に極めて重要だと言えるでしょう。

加えて、我が国の各地方が実力を備えて、それぞれに海外と直接結びつくことができれば、後述するようなL to L（ローカルtoローカル）の実現の基盤となり、この意味でも、我が国に懐の深さをもたらすことになるでしょう。

4. 構造変化（マクロ情勢）への対応

(1) 世界が経験した構造変化

人類は、これまで、4つの大きな構造変化を経験してきたと言われています。

第一は、1万年前の農業革命です。その前までは、狩猟生活で移動を繰り返していましたが、耕作を開始して定住生活を始めたことにより、地域社会が形成され、新たな社会構造が構築されることになったのです。

第二は、18世紀半ばから始まった産業革命です。工業生産力の飛躍的な向上が実現され、原料や市場を求めて植民地主義、帝国主義の時代が始まることになりました。

第三は、エネルギー革命で、石炭から石油にエネルギー源がシフトすることにより、産業のみならず、生活全般に大変革が起こりました。

第四は、IT革命です。これは現在進行形ですが、インターネット社会に入ってからは、ITによる多くの新たな価値の創造があふれています。

この第四の革命といわれるIT革命は、とりわけ、1990年代以降、インターネットによりこれまでの独立型（スタンドアローン）の情報処理から、コンピュータ同士が繋がることにより、ＩＴの活用範囲が劇的に拡大し、大きな変化を遂げました。

今後、地方創生を語る際には、この後述べるように、インターネット社会の本格的な到来の以前と以降とでは、地方創生や地域振興の方法論のみならずそのあり方までも根本的に考え直す必要があることを認識するべきでしょう。

（２）グローバル化とＩＴが地方にもたらす衝撃

前述のような世界の構造変化は、当然ながら地方の経済社会にも大きな影響を与えます。特に、ＩＴ革命とその後のインターネット社会の実現により爆発的な情報流通が生じ、世界の市場と生産地が直接結ばれることにより、地方にもグローバル化の波が一気に押し寄せて来ました。

こう言うと何か地方に黒船がやってくるようなネガティブなイメージが浮かぶかも知れませんが、こうした情報の流通革新は、ＩＴによる物流構造の変化や決済手段の拡大などを通じて、地方に産業が移転してきたり、既存の産業が息を吹き返したり、あるいは、ＩＴを活用した新たな行政サービスを生み出すなどの様々なメリットをもたらし始めています。

その中でも、市場を国外にも広げ、世界を見据えた生産を行う企業にとっては、特色ある地域資源とそれを生かす技術を持った人材を確保できる地域に生産拠点を展開することとなり、立地地域での雇用の拡大や交流人口の増大も生み出すなど、地方創生に大きな貢献をすることとなります。

このようなグローバル化やＩＴが地方創生にもたらす根本的な変化の可能性については、地域振興の事例でも少し触れましたが、後ほど実例も挙げながら詳しく見ていくこととします。

5. 国際関係と地方創生　～経済、インテリジェンス、安全保障

(1) 地方と地方のＤＣの意義　～L to L

地方と特に海外の地方が直接コンタクトする（Direct Contact）することを、Local to Localと呼ぶことがあります。

私は、経済産業省の中東アフリカ室長をしていた頃、大阪・神戸を拠点とする専門商社の方から聞いた話がとても印象に残っています。その方は、関西企業と中東のある国との間でのビジネスのために中東地域との間を行き来している際に様々な市井の情報を仕入れておられ、「中村さん、テレビや新聞の報道とは違って、実際にはこんなことになってまんねん」といった話をよく聞かせてくださいました。

こうした情報は、外務省や経済産業省をはじめとするいわゆる政府筋の情報やマスコミ情報に加えて、情報が乏しかったり入手困難であったりする国との政治・経済関係を多角的に捉える際に大変役立ちました。

このように、もちろん外交や経済関係の情報の多くは東京経由かもしれませんが、地方と地方が直接結びついている（Local to Local）ことによって得られる情報も決して侮れないのです。

つまり、東京を中心とするインテリジェンス機能に、こうしたL to Lや草の根交流のインテリジェンスが加わることで、懐の深いインテリジェンスとなることが期待されます。言い方を変えれば、東京情報の中心的役割は今後も変わりませんが、一方で、「どっこい、地方もつながってまっせ」というわけで、東京情報のバックアップ機能を地方情報が担うということです。「東京がこけたら、みんながこけた」にしてはならないのです。

（2）地方の取り組みが日本を救う？　～神戸医療産業都市と石油利権

このＬ to Ｌの典型事例の一つをご紹介します。私が経済産業省で中東アフリカ室長を務めた後、兵庫県庁に出向した際に、前職の経験も活かしながら仕掛けたもので、神戸医療産業都市が我が国のエネルギー安全保障に影響を与えた（かもしれない）話です。

神戸では、阪神淡路大震災の復興事業として、神戸港のポートアイランド第２期埋め立て地に、医療産業の集積を目指す「神戸医療産業都市構想」が推進されてきました。この構想の最初の施設として先端医療センターが建設される際に経済産業省が支援したのですが、私は、その補助金の予算化に携わりました。

これが縁の始まりで、その後、兵庫県庁に出向して産業労働部長をしていた際に、第一三共製薬の子会社のアスビオファーマが研究所を建設するとの情報をキャッチした神戸市関係者と連携し

神戸医療産業都市（出典：神戸市資料より）
http://www.kobe-bic.org/about/

て誘致しました。

当時、この神戸医療産業都市には、150社近くの医療関連を中心とした企業が集積（現在は300社をはるかに超えています）していましたが、中小のベンチャー企業などが中心で、外資系のベーリンガーインゲルハイムの研究所を除いて、誰もが知っている巨大企業、いわゆるメガファーマはまだ立地していませんでした。

そこで、第一三共というタケダやシオノギといった日本を代表するメガファーマのひとつが立地することによって、神戸医療産業都市の機能が充実するとともに、そのレピュテーションが高まると考えました。

この立地に関しては、大阪府の橋下知事が大阪・千里にある「彩都」に誘致しようとしているとの情報が入ってきました。そこで、神戸市の担当者と一緒に東京のアスビオファーマの本社に乗り込み、何故、神戸医療産業都市に立地すると良いかを必死で説明しました。

そこで私が説明した内容こそ、今でも多くの企業を兵庫・神戸に引き付ける他に類を見ない原動力なのです。

その一つが、大型放射光施設SPring-8と、そこに併設されたSACLAです。

SPring-8とは、兵庫県の播磨科学公園都市にある世界最高性能の放射光を生み出すことができる大型放射光施設です。放射光とは、電子を光とほぼ等しい速度まで加速し、磁石によって進行方向を曲げた時に発生する、細く強力な電磁波のことです。SPring-8では、太陽の１００億倍明るい世界一の放射光を作ることができ、この放射光を用いてナノテクノロジー、バイオテクノロジーや産業利用まで幅広い研究が行われています。SPring-8の名前はSuper Photon ring 8GeV（80億電子ボルト）に由来しています。SPring-8は、原子レベルの微細な構造や働きを観察することができる、いわばスーパー顕微鏡です。日本国内はもとより海外の研究者にも広く開かれた共同利用施設で、1年あたり、のべ約1万4千人に利用され、およそ2千件の実験が行われています。

SPring-8（提供：国立開発法人理化学研究所）

Ｘ線自由電子レーザー施設「ＳＡＣＬＡ」は、太陽の１００億倍の明るさであるSPring-8の光の、更に10億倍の明るさのＸ線のレーザーを１００フェムト秒（フェムト秒とは、１０００兆分の1秒）以下という、もの凄く短いフラッシュで発生さることができ、それを使って物質の極めて速い動きや変化の仕組みを原子レベルで解明する研究施設です。

つまり、これまで人類が見たことのなかった原子や分子レベルで瞬間的に起こる反応を捉えることが可能になったわけです。

このＳＡＣＬＡ（SPring-8 Angstrom Compact Free Electron Laser）も兵庫県・播磨科学公園都市にあり、SPring-8と並んで設置されています。国立研究開発法人理化学研究所（理研）と公益財団法人高輝度光科学研究センター（ＪＡＳＲＩ）が共同で多くの研究機関や民間企業の協力のもと開発したものです。

SACLA（提供：国立開発法人理化学研究所）

太陽の１００億倍という世界一明るい光を出すSPring-8のさらに10億倍、つまり、太陽光の１０００京倍の明るさのＸ線レーザーを作り出し、１０００兆分の1秒単位での現象を捉えるために７００ｍにわたり精密に機器を備え付けることが求められます。

このため、少しの揺れも起こさないように、最大深度50ｍ、直径1.5ｍの穴を岩盤まで掘って１３６本のコンクリート杭を打ち、加速器棟を支えるとともに、最大深度16ｍ、長さ１５０ｍ、幅50ｍの人口岩盤を砕石敷設で作って光源棟を支える土木工事を行いました。

さらに、コンクリート床面を50ミクロンで研削する装置を開発し、架台底面の接地面積を拡大して振動特性を向上させる工夫もされています。

皆さんの髪の毛の太さは、100ミクロン前後ですので、その半分の厚みでコンクリートの床面を削って装置を並べたわけです。

何という精緻さでしょうか！

スパコン京（提供：国立開発法人理化学研究所）

このような土木・建築技術、電気・電子機器、そして情報技術（IT）と、全てが超一流で揃わなければ実現できないのです。

こんな技術を持つ国がどこにあるのでしょうか？

それが、日本という国なのです！

300社を超える企業が力を合わせて作り出した人類の夢のような技術、それがSACLAなのです。

ところが、ここで困ったことが起きます。SACLAによってフェムト秒単位で撮影された膨大なデータは一体どうやって見るのでしょうか？

そこで登場するのが、神戸のポートアイランドに立地しているスーパーコンピュータ「京」です。

この「京《けい》」というのは、１０００兆の10倍の単位です。千の千倍がメガ（百万）、その１０００倍がギガ（10億）、その１０００倍がテラ（兆）、その１０００倍がペタ（１０００兆）という単位です。

このスーパーコンピュータ「京」は、1秒間に10ペタ回（１０００兆回の10倍、つまり1京回）の計算ができるので、「京」と名付けられました。

ＳＡＣＬＡとスーパーコンピュータ「京」が繋がり、ＳＡＣＬＡのデータをスーパーコンピュータ「京」がＣＧ（コンピュータグラフィックス）により可視化することで、原子レベルでの瞬間的な現象という人類が今まで見たことない世界がついに見られるようになったのです！（例えば、水はH_2Oで酸素と水素からできていますが、酸素原子と水素原子がくっつく瞬間を見た人はいません。ＳＡＣＬＡと「京」にこにより、こうした原子レベルでの瞬間的な現象を見ることができるようになるということです。）

皆さん、昭和の終わり頃には、「さくらと一郎」が唄った「昭和枯れすすき」という演歌が流行しましたが、平成では、「さくらとけい」（SACLAと「京」）が活躍することとなりました（笑）。

さて、話を戻すと、このように日本が世界に誇る科学技術基盤施設とその連携こそが、たくさんのハイテク企業がいまだに兵庫県に集積し続ける理由の一つになっています。先ほど触れた日本を代表するメガファーマの神戸医療産業都市への立地もこのような研究開発環境のアピールもあって実現したものと考えています。

こうして次々と役者が揃う中で、平成20年、神戸医療産業都市の世界展開を狙いました。井戸知事の中東歴訪です。

兵庫県は、県内に140カ国以上の国の人々が暮らす「多文化共生」の典型の自治体なのですが、海外事務所をアジア（香港）、欧州（パリ）、米国（シアトル）、ブラジル（クリチーバ）、豪州（シティビーチ）に有し、これらを拠点に積極的な海外展開を図っています。

しかし、兵庫県は、中東には拠点もなく、これまで関係もありませんでした。

一方で、当時の中東諸国は、石油価格の上昇を背景に巨額のオイルマネーをソブリンウェ

アブダビ（出典＝Public domain）

ドバイ（出典＝Public domain）

ルスファンド（ＳＷＦ）と呼ばれる政府系の投資基金に積み上げていました。

そこで、神戸医療産業都市への出資等の資金提供を受ける一方で、中東の医師や患者を受け入れて医師のレベルアップや重症患者への先端医療の提供をはじめとする医療協力を行うことにより、「技術はあるが資金のない日本」と「資金はあるが技術がない中東」を結びつけ、相互にメリットのあるＷｉｎ‐Ｗｉｎ関係を構築しようと考えました。

このような中東との関係づくりの第一歩として、井戸知事の中東歴訪を計画し、平成20年6月、兵庫県政始まって以来初の知事のアブダビ首長国への公式訪問が実現しました。

このアブダビ首長国は、アラブ首長国連邦（ＵＡＥ）の大統領を出す代表的な首長国で、日本は、サウジアラビアに次いでアブダビ首長国から我が国の輸入量の約4分の1もの原油を輸入しています。

このように、我が国のエネルギー安全保障にとっても極めて重要なアブダビ首長国と連携を密にすることは、兵庫県のみならず我が国にとって大きな意義があり、加えて、今後の我が国医療産業の世界展開の嚆矢にもなると考えました。

井戸知事は、アブダビ首長国の政府機関のトップとの間で、経済協力協定と教育協力協定を結び、地方自治体が首長国と実質的な協定を結ぶという全国的にも類を見ない大きな成果を生んだ中東歴訪となったのです。（写真は経済協力を話し合う井戸知事［左から二人目］と筆者［左から三人目］。一番左は県職員で通訳の宮本さん）

経済交流について活発な意見交換
（出典：兵庫県資料より）

ところが、その直後、思わぬ展開が生じました。リーマンショックです。

ＵＡＥでも「ドバイショック」と呼ばれる突然の大不況に見舞われ、オイルマネーを目指して行われていた「中東詣で」がぱったりと無くなり、世界中から様々な思惑の人々がやって来て賑わっていたＵＡＥも閑古鳥が鳴く状況に陥りました。

しかしながら、兵庫県からは、経済協力協定の一環で相互訪問を目指していた神戸商工会議所がミッションを派遣し、教育協力協定の一環で神戸大学がアブダビから留学生を受け入れるなど井戸知事歴訪のフォロー事業が続けられました。

こうした兵庫県関係の動きについて、経済産業省の資源エネルギー庁が関心を示し、ある日、当時の石田資源エネルギー庁長官から私に呼び出しがあり、急遽兵庫県から出向いて経緯を説明したところ、大いに評価をされ、継続を慫慂されました。

このように、ドバイショックの中、世界のどの国も手のひら返しで冷たい態度を取る中で、手のひらを返さなかった日本に朗報が届きました。

教育交流に関する覚書を交換する知事
(出典：兵庫県資料より)

日本がサウジアラビアでの石油利権を失って以来、中東で唯一利権を維持していたアブダビで、その期限切れが迫っていましたが、まさに井戸知事歴訪の半年後、30年間の利権延長が発表されたのです。

この「日の丸石油」の利権延長に関しては、もちろん、経済産業省や外務省などの政府機関や民間企業の関係者による様々な努力があったことで実現したのでしょうが、アブダビ首長国が逆風の中でも手のひらを返さない日本に信頼感を持つひとつの要因に兵庫県の取り組みがあったことは、否定できないかもしれません。

外交や安全保障は中央政府の役割であることは明らかですが、地方もこうした中央での努力を側面支援できることは疑いないと確信させるエピソードとして紹介しました。

第2部　地域振興の具体策　～戦略・戦術から方法論へ

第二部では、第一部で様々な観点から触れたような、「何故・何のために」、「何をやるのか」、つまり、「戦略」と「戦術」を意識しつつ、「どうやるのか」という具体的な「方法論」について、ＩＴの活用や価値づくりのヒントなども紹介しながら、考えてみます。

1．ＩＴ活用が地方創生にもたらすインパクト

第1部でも触れましたが、ＩＴを活用することによって、ＩＴやインターネットが無かった時代には考えられなかった方法論や価値づくりが可能となる事例や取り組み方を検討してみましょう。

（1）オープンイノベーション　～地域や業種を超えた連携、「産学官金報民」連携とＩＴ

地方では、まず自分の地方をどう活性化するかが大事ですが、一方で、点ではなく面で

地域振興を考えることも重要です。

例えば、観光を例にとると、インバウンドで海外から日本にやって来た人で、一つの都市や地域にしか行かない人はまれで、複数の自治体や地域にまたがって移動して観光するのが通常でしょう。

このように、広域対応をする際には、当然、各地の人々が智恵を持ち寄って、旅行者の立場に立った包括的なサービス提供体制を構築することが求められます。

この際、様々な価値観や知識・経験を持ち寄って新たな財やサービスといった価値を創造する方法、すなわち「オープンイノベーション」が有効な手法として考えられ、こうした手法を駆使しながら地域や業種を超えた連携を進めていくことが不可欠になります。

ところで、よく産学官連携という言葉は耳にしますが、地方創生のためには、さらに、「産学官金報民」の連携が必要です。

産学官でイノベーションを起こしても、それがビジネス化されて収益を生むまでには、資金が必要で、金融の力（「金」）が不可欠です。さらに、資金提供があってビジネス化が実現しても、その財やサービスが認知され市場に広まるには、メディア、つまり、報道の力（「報」）が重要です。そして、その報道された財やサービスが実際にマーケットに受け入れられ、継続的に利益を生むためには、多くの人々の支持（「民」）が得られることが不可欠です。特に最近のマーケティングでは、SNSなどで発信してくれる人たちの力は無視できません。

このように、産学官連携で生まれたイノベーションが金報民の力を借りて大きく育っていくモデル、すなわち、「産学官金報民」の連携を意識した取り組みをいかに進めていくかが今後の地方創生の鍵の一つであると考えられます。

こうした連携の取り組みを可能にし、促進する方法がオープンイノベーションです。インターネット社会になって、これまで会ったこともない人や企業の間でもサイバー空間で知恵を出し合い、新しいビジネスモデルを創り出すことが可能になりました。

さらに、背景知識や経験（バックグラウンド）の異なる人同士で協力を行う際の様々な情報や考え方のギャップを埋めるという意味でも、ITやインターネットが知識基盤や情報の共有の場を提供することで大きな力を発揮します。

（2）データ（情報）の活用　～プラットフォームビジネスの進化

皆さんは、プラットフォームビジネスという言葉を聞かれたことがあるでしょうか？

プラットフォームというと電車の駅のプラットフォームを思い浮かべますが、まさしく、その上で人々（企業）が一定のルールや価値観の下で自由に交流したり連携したりビジネスを行ったりする場がプラットフォームです。

楽天の仮想モールやコンビニエンスストアの販売網や後述する「橘街道プロジェクト」などがその例です。

そしてこのプラットフォームを運営するビジネス、つまり、プラットフォームビジネスには、二つの利益創造の仕組みがあります。

一つは、プラットフォームへの参加者からフィーを得ることです。例えば、プラットフォーム上でビジネスを行う場合には、売り上げの何パーセントを課金するといった方式です。これはプラットフォームの運営自体から売り上げを上げるという意味です。

もう一つは、プラットフォームビジネスを通じて、莫大な情報を手に入れることができる点を活かして、その情報に基づく新たなビジネスを起こし、利益を生む方式です。

その一例がコンビニエンスストアのパンです。かつてコンビニエンスストアが日本で出店し始めたばかりの頃は、扱っているパンはヤマザキパンやシキシマパンといった全国的に有名なナショナルブランドのパンでした。しかし、ＰＯＳ情報やカード情報などから、どんなパンがどういう時（晴れの日雨の日、暑い日寒い日、近所で運動会がある日、等々）に売れるかという情報が蓄積されてくると一種のビッグデータとなり、他社のものを売るよりも、その情報を活かして自社で売れるものを売れるときに作って売ったほうが大きな利益を得ることができます。今や、どこのコンビニエンスストアに行っても、オリジナルブランドのパンが中心に売られており、ナショナルブランドのパンは棚の片隅に置かれています。

このように、プラットフォームビジネスの第2のメリットである情報の活用こそ、今後の高付加価値なビジネスモデルの一つになっていくと思われます。

一方、今後、とりわけ地域振興の手法としてプラットフォームを立ち上げ、そのプラットフォームの活用が拡大していくためには、プラットフォームに集まる情報をプラットフォーム自身が拡大再生産し発信できる仕掛けを内包していることが重要です。

その仕掛けとは、プラットフォーム上で連携事業が始められた際に、その事業内容を多くの人に知ってもらい、利用してもらい、かつ、楽しんでもらうこと、そして、その結果として、その人たち自身が発信者になってもらうというプロセスがビルトインされていることが重要です。

例えば、橘街道プロジェクトでは、このプラットフォームに参加する事業者間での連携事業について、消費者が各社のＨＰにある橘街道プロジェクトのシンボルマークをクリックしたり「橘街道プロジェクト」で検索したりして参加事業者のＵＲＬ付の一覧ページに誘導することによりそのサービス内容を知るといった「プル型とプッシュ型を組み合わせた情報発信」を可能にして、双方の持つマーケットで相乗効果を生むようにインターネット上でリンクを張れるようなプラットフォーム機能を拡大していくことになっています（なおここで言う「プル型」とはインターネットのような、消費者が自分で情報を取りに行くモデルのことを言い、「プッシュ型」とは、テレビや新聞などシャワーのように情報を流すモデルを言います）。

この一例として、神戸が世界的な集積地となっている真珠をテーマにした物語を神戸の歌劇団「歌劇☆ビジュー」が「真珠物語」として上演するといった、真珠と歌劇という地域資源同士の連携が生まれていますが、この歌劇団は、橘街道プロジェクトに参加し、橘街道を合言葉に申し込んだ客には女優とのフォトセッションへの参加サービス等を提供しています。一方、神戸の真珠輸出組合も橘街道プロジェクトに参加して自らのサービスプラットフォームである「パールパスポート」事業を橘街道プロジェクトサイトとリンクしてアピールしています。このように、歌劇団と真珠の組合という一見何の関係もない当事者が橘街道プロジェクトのプラットフォームで知り合い、連携事業を生み出し、互いのマーケットに情報を発信するというこれまでにない取り組みが生まれています。

なお、「パールパスポート」をインターネットで検索してスマホか携帯にダウンロードしておくと、神戸に行った時に真珠を身につけて、このパールパスポートを見せることにより様々な特典が受けられます。男性もジャケットの襟に真珠のピンブローチをつけて神戸の街をおしゃれに歩いてみて下さい。

歌劇☆ビジューの公演ポスター
（出典：歌劇☆ビジューＨＰより）

なお、この歌劇団は、今後、神戸や西宮に広がる日本最大の酒どころ「灘五郷」の杜氏をテーマにした物語の上演も企画しており、日本酒業界と歌劇団の連携という新たな取り組みを橘街道プロジェクトのプラットフォーム上で展開すると聞いています。

ちなみに、この歌劇☆ビジュー（元ＯＳＫ＝大阪松竹歌劇団のトップスター那月峻《なつきしゅん》さんが主宰）は、阪神大震災から立ち上がる姉妹の物語「ドリームズボット」を阪神・淡路大震災記念　人と防災未来センターで公演するなど、神戸をホームグラウンドとして活躍しています。

このプロセスにおける事業内容の発信や利用者、つまり、消費者による評判の発信等にインターネットやＳＮＳといったＩＴの活用が大きなポイントになります。

（3）インターネット社会における情報の非対称性の克服

インターネット社会が進展し、様々な情報が簡単かつ大量に入手できるようになった反面、「知っている人は知っているが知らない人は知らない」という情報の偏在、つまり、非対称性がますます拡大しています。

こうした情報の非対称性を埋める手段の一つは、アナログな情報伝達、特に口コミのような情報伝達の確度の高い手段を用いることが挙げられます。

しかしながら、こうした方法は伝達確度が高い反面、伝達のスピードや範囲が限定されてしまいます。

この両者の欠点を補い、それぞれの長所の良いとこ取りをする方法として、ＳＮＳの活用やプラットフォームビジネスの活用があります。

ここで大事なことは、こうしたＩＴ活用によるアナログ情報の拡散という一見矛盾する方策の前提として、ＵＸ（ユーザーエクスペリエンス）という情報発信者自身の経験や考え方が存在し、その内容に共感が得られるものであることが必要です。いくらＳＮＳやプラットフォームビジネスの活用といっても、内容がつまらなければ情報拡散のしようがありません。

後で述べる「大粒の感動」（美味しかった［Ｏ］、楽しかった［Ｔ］、うれしかった［Ｕ］、勉強になった［Ｂ］で、大粒［ＯＴＵＢ］の感動）をいかに創り出していくかという工夫がインターネット社会においてますます重要なポイントとなる所以です。

（４）フィンテックのもたらすもの

地方でビジネスを起こそうとするとき、資金集めで頓挫するケースがあります。地方銀行や信用金庫などの目利きできる地域担当者や地域金融に前向きな頭取に期待するのでは、たまたまそういう人がいれば良いのですが、必ずしもそういう人に恵まれるとは限りません。

そこで、クラウドファンディングやブロックチェーンのようなフィンテックの出番となるのです。

ビットコインやブロックチェーンのような最新のフィンテックは、これから様々な問題点や課題を克服しながら、将来的には銀行に代表されるレガシーなシステムを補完し、場合によっては、決済や資産管理の手段として主役になっていく可能性を秘めています。

一方、インターネット等を通じて、多くの人から出資を受けて新たな商品やサービスを事業化し、成功した場合に配当や商品で出資者に還元するクラウドファンディングは、既に地域資源を用いた商品開発や事業化に必要な資金集めに大きな役割を果たしつつあり、これを用いて実際に事業化に成功した事例もたくさん出てきています。

今後、クラウドファンディングなどのインターネットやITを用いた新しい資金手当ての手段がますます実用化していくことにより、地域振興のネックの一つになっていた資金問題が解決され、地方創生が進んでいくことが期待されます。

(5) 地方の弱点を埋めるIT

「東京一極集中が地方の衰退をもたらす」という言い方が良く聞かれますが、一方で、必ずしも「政治経済機能の地方分散＝地域振興」とはならないことにも注意が必要です。

当たり前ですが、伊達や酔狂で集中しているのではなく、フェイスtoフェイスの打ち合わせの容易さや情報交換の効率化などのメリットがあるから集中するのです。

こうした集中のメリットを地方に分散することによって不効率を招き、日本全体での競争力を削いでしまい、その結果として地方が疲弊するという悪循環を生んでは意味がありません。

例えば、国際金融機能などは、ロンドンのシティやニューヨーク市場など、地方分散どころか、一極集中して国際競争を行っているので、規模で劣る東京市場を国内で分散させていては、ますます世界から置いて行かれます。

一方で、ＩＴを用いれば東京一極集中させる必要のない機能は多くあります。

前述の徳島県の神山町がその例で、よく整備されたインターネット環境を活用して、都会を離れた素晴らしい自然を楽しみながら、落ち着いた環境でクリエーティブな仕事をすることが可能になっています。

このように、もともとは地上デジタル化への対応として整備されたインフラであるインターネット環境を活用しながら、地元の「おもてなし」の伝統とも相まって、過疎化という地方の弱点を逆手に取って活性化を実現する事例が出てきています。

ＩＴを活用することで、今後も地方の弱点を埋め、あるいは、その弱点をむしろメリットに変えることは可能なのです。

（6）サイバー空間が第三者評価の役割を果たす

通訳案内士の規制強化の話がありますが、せっかくの案内ボランティアのやる気を殺がないように、お上が規制するより、ＵＢＥＲの白タク運転手の評価のような市場が評価する仕組みを入れるのも一案です。

地方創生に不可欠な人材の手当てにもこうした手法が役立つものと思われます。その一例がLinkedIn（リンクトイン）です。このシリコンバレー生まれの人材情報サイトは、世界で4億人を超える人が登録し、単に能力を自己アピールするだけではなく多くの参加者同士が評価しあう仕組みになっており、評価する人の主観によるばらつきが多数の評価を集めることで平準化し、客観的な評価に収斂するという仕組みになっています。何かの事業を起こす際に、このサイトを利用してチームごとリクルートする事例などもあるようです。

このように特定の第三者が評価するのではなく、多くの参加者が評価することにより、その評価が収斂していく仕組みは、まさにインターネット社会でＩＴ活用が可能となって初めて実現できる手法といえるでしょう。

今後の地方創生において、多くの自称専門家やアドバイザー、メンターなどに協力を依頼するに際しても、インターネットやＡＩを活用した「地方創生版LinkedIn」のような評価システムやリクルートシステムがあると便利かもしれません。

（７）Ｗｉｎ‐Ｗｉｎ関係の構築

地方創生に関して、自分の住む市町村や県にいかに人口流入させるかとか、自分の商店街の売り上げをいかに高めるかに集中するあまり、その方策が近隣窮乏化策になっていることを見落としがちです。

合計のパイが一定で、その分け前を奪い合うゼロサムゲームではなく、互いにプラスになるＷｉｎ‐Ｗｉｎ関係を構築しなければ、短期的にうまくいっても、持続可能なものとならず、こうした部分最適を足し合わせると全体最適にならず、かえってマクロベースで損失を生むことになりかねません。

例えば、ある町の商店街で1万円出すと1万2千円分買えるプレミアム商品券を配ると、隣の町の商店街の客を奪ってしまいます。隣の町の商店街の犠牲で自分の町の商店街が儲かるのでは、ゼロサムゲームで終わりです。

沈みかけの船の中で一等船室か二等船室かの椅子取りゲームを争っても意味がなく、船を浮かばせることが大事です。

パイの例で言えば、一定の大きさのパイを分けるのではなく、パイを大きくしてから分ければ一人当たりの分け前の拡大につながります。

先ほどの商店街の例で言えば、両方の町の商店街で買い物をすると特典がつくようなスタンプラリーを行って消費を喚起するとか、ロットが大きくなると仕入れ価格が下がるようなものを共同購入してコストを抑えるとか、協力することによって双方の商店街にメリットが出る仕掛け、そして、何より消費者にもメリットがあることが重要です。

そのメリットは、必ずしも金銭的メリットに限らず、楽しいとか、嬉しいとか、クイズに答えて表彰された上に勉強になったとかでも良いのです。

なお、ITを活用したスタンプラリーの例ですが、あるスマホのゲームでは、GPS機能によって実際に行った場所でしか獲得できないポイントを集めることになっており、とんでもない田舎のあまり美味しくない食堂に全国から続々と人が来るので、地元のタクシー運転手が（すごく儲かって嬉しい反面）とても不思議がっているという現象が起こっています。

これは、次に述べる仮想世界でのゲームと現実の地域とを結びつけるＩＴ活用の事例でもあります。

（8）バーチャルとリアルの融合　～インターネットの威力

ある商店街にめったに客の来ない店があり、周りの店の人たちが「あの店はいつつぶれるのだろう」と心配していましたが、つぶれる気配を見せません。そして、時折、「キャー」という歓声が聞こえます。

その内幕は、こうです。

この店では、特徴のある商品をインターネットで販売しており、根強い人気があるため、店頭に客が来なくとも高い売り上げを達成しているのです。

しかも、この店では、インターネットでは買えない本店限定の商品を店頭に並べてあるため、「いつかは本店限定商品を買いたい」と思って、通常はインターネットで商品を購入しているこの店の顧客がついに本店に来る機会を見つけてその願いを叶えた瞬間が「キャー」という歓声になったというわけです。

この例では、バーチャルな商店ともいうべきインターネット上での販売と実在のリアルな店舗での販売の相乗効果で顧客と店舗の双方にメリットを生んでいます。

このようなバーチャル（仮想空間）とリアル（現実）の融合こそが、インターネット社会ならではの新たな価値づくりの手法であると言えるでしょう。

また、バーチャルとリアルの融合手法の一例として、いわゆる「位置ゲー」（位置ゲーム）の活用やスマートフォンでのスタンプラリーのような地域振興の実例も多く出て来ました。

前者は、スマートフォンの位置情報機能を利用して、実際の移動距離や特定の地点（店舗やレストランなど）に行くことによってポイントが得られるゲームで、通常であれば閑散としたその特定の場所に、そのゲームの参加者が大挙して押し寄せ、経済効果を生むという現象が生じています。

このように、インターネットがない時代には考えられないような新たな動員手法が今後の地域振興や地方創生に大きな役割を果たすことになると考えられます。

なお、このようなインターネットの活用によるバーチャルとリアルの融合を進める際に地域や地方自治体のサイドから注意すべき点は、インターネット空間に載せるデータや情報などのコンテンツを、特定のシステムや事業者が独占しない形で活用されうるようにオープンデータとして整備しておくことです。

このように、インターネット上で地域資源などに関する情報を多くの事業者に開放して、より多くの消費者に情報が利用できるよう最初の建てつけに配慮しておくことが重要です。

2．価値づくりの実例

ここでは、「価値づくり」と言ってもイメージが湧きにくいので、わかりやすい実例を紹介しながら、今後の地域の活性化においてどのような価値づくりを行っていくべきかを考えるヒントを提供してみます。

(1) 日本製哺乳瓶の快進撃　～物だけでなくソフトも売る

最近、訪日中国人の「爆買い」が有名になりましたが、「メイド　イン　ジャパン」に対する信頼度の高さの表れで日本人として誇らしく思います。

その一例が日本製哺乳瓶の中国での快進撃です。

中国では、偽物やまがい物が横行し、特に食品で健康被害を生じる例が多発していますが、一人っ子政策の中で特に子供を大事にする傾向が強いことから、日本製のおむつや粉ミルクなどが異常に人気となっています。

中でも、日本製のガラスの哺乳瓶は怪しげなプラスチックのものと異なり安全安心とされ人気が高いのですが、その快進撃に裏には、医師と連携して哺乳瓶や乳首の適切な煮沸消毒の方法やミルクの作り方・飲ませ方などを指導するソフトな仕組みの提供があることが一因といわれています。

つまり、物を売るだけでなく、その物を正しく使いこなして安心安全な子育てを行うというソフトも一緒に売っているわけです。

このように、「日本」というブランドを生かして、地方も安心安全や確かな品質や高いサービスを売っていくことが重要です。

そのためには、哺乳瓶の例のように、単に日本製というだけではなく、「さすが日本のものは安心して使える」とか「品質やサービスが良い」と思わせる工夫が必要です。

そして、日本の各地方もこうした高品質な価値を生む地道な努力を積み上げることで「日本製」の価値が高まり、「日本製」というブランド価値よってさらに地方の財やサービスが売れるという好循環を生むことが重要です。これは、日本という国の価値と地方の生み出す価値のＷｉｎ－Ｗｉｎ関係の構築に他なりません。

（２）客の来ないフランス料理屋がつぶれない理由　～どこで価値を生むか

ある都市の高級住宅街の中に、突然、フランス料理屋がオープンしたのですが、交通の便利の悪さと、ランチ５０００円、ディナー３万円という超強気な価格設定から、全く客が入っていない様子で、近所の人たちもいつ潰れるのかと心配していました。

しかし、いつまでたってもこのフランス料理屋はつぶれません。何故なのでしょうか。答えは、このフランス料理屋のオーナーシェフが、昼間に近所のマダムを相手に開いているフランス料理の教室が大盛況だからです。

この料理教室は、超高級フランス料理屋のシェフから料理を教わった上に、皆で作った美味しい料理をゆっくり味わって１万円というお得感（？）から、予約がなかなか取れない程の人気なのです。

よく考えると１回で１万円という授業料は高い気がしますが、高級住宅街のマダムにとっては、3万円のディナーの味が楽しめるので安く感じるのでしょう。

皆さん、気付きましたか？

1万円の授業料を安いと感じさるには、ディナーが8千円とかではだめなのです。交通の不便な住宅街の中なのに3万円という超強気な価格設定でこの店の高級感を生みつつ、1万円を安く感じさせているわけです。

さらにもう一つの仕掛けは、「高級住宅街」の中に店があるということです。つまり、マーケットとして、お金持ちの有閑マダムがたくさん住んでいる土地柄を選んでいるということです。

日本全国、街は色々な顔をもっています。下町情緒あふれる街、閑静な高級（！）住宅街、商店街や駅に隣接した賑やかな街、様々な顔を見せる街の何をターゲットにしていくのかによって、方法論も変わってしまいます。

それぞれの地域で経済振興策を考える際にも、誰に対してどういう価値を提供するのかを考え抜いた手法が求められる所以です。

（3）トラベルシューズと高いビール　～「もの」を売らずに「こと」を売る

健康志向の高まりで、一時、ウォーキングシューズが流行りました。かかとのない平べったい靴底で歩き易いズックなので歩き回るのに良いのですが、旅先でおしゃれをしてレストランに入るにはズックなのでイマイチでした。

そこで、靴底はそのままで、靴の上部を皮製にしておしゃれな服装でも合うように工夫して「トラベルシューズ」として売り出したら、時間とお金があって旅好きな中高年の皆さんを中心に爆発的に売れました。

これは、単に靴を売ったのではなく、旅という「こと」を売ったわけです。

また、長引くデフレから低価格志向が強まり、発泡酒や第三のビールといった安いビールが良く売れていますが、一方で、通常のビールよりも値段の高いプレミアムビールが売れています。

この高いビールが発売される前には、デフレ経済の中で果たして売れるのか心配されましたが、「週末に夫婦で飲むビール」という謳い文句で発売したところ、爆発的に売れました。

小遣いも節約されたお父さんが普段テレビでプロ野球のナイター番組を見ながら飲むのは、安い発泡酒で我慢させられるのですが、お母さんと週末に飲むときは、値段の高いプレミアムビールを飲んで贅沢感を味わうという訳です。実は１００円程度の差しかないのですが、我々にはこの贅沢感がたまらないということです。

この例も、単に高いビールという「もの」ではなく、夫婦で飲むという「こと」を売ったわけです。

地域資源を活用して新たな財やサービスを生み出す努力が行われていますが、その財やサービスだけを売ろうとするのではなく、需要者側に立って、何がその財やサービスを買おうと思う理由や契機になるのかを考え、「もの」を売らずに「こと」を売っていくことが大切です。

（4）赤字ローカル線の復活　～ステークホルダーのインボルブ

ある地方で、赤字続きのローカル線が廃止される話が持ち上がりました。

地元住民は、不便になるので当然に反対しますが、実際にこのローカル線をよく使う人は、実は、それほど多くはいませんでした。

このローカル線の再建を引き受けたある地元企業の社長さんは、継続を希望する地元の人々から出資を受け、黒字になったら配当すると約束したところ、株主になった地元住民がこぞってこの電車を使い始め、本当に黒字化に成功したということです。

人は、少しでもお金を出すと、その出し先の状況が気になるものです。まして、自分の利益に反映されるとなれば、なおさらです。

地元住民、すなわち、マーケットを利害関係者（ステークホルダー）として取り込むことにより、財やサービスの需要者側の方から積極的に供給者側に協力する仕掛けを作ったのでした。

地方創生や地域振興を考える際、「自らの利害には敏感でも地域全体での取り組みへの参加には無関心な人」を取り込んで大きなうねりにしていくためには、このような「ステークホルダーのインボルブ」が大きなポイントになってくると思われます。

（5）神戸コレクション　～消費者のインボルブとターゲティング

最近では、ＴＧＣ（東京ガールズコレクション）をはじめ、メディアでもよく取り上げられるように、ファッションショーに大勢の一般女性がつめかけて盛り上がりを見せていますが、その先がけとなったのが神戸コレクションです。

それまでのファッションショーは、パリコレクションやミラノコレクションのように、プロのバイヤーや業界関係者のみを招いて開催されるのが通常でしたが、神戸コレクションは、当初数千人からはじまり、今やポートアイランドのワールド記念ホールに1万数千人の一般の人が来場して行われる大規模なファッションショーに発展し、これまでに無かった新たな形でのファッションショーの嚆矢として大成功しています。

また、業界向けのファッションショーは、夏物を冬に、冬物を夏に見せて半年後のトレンドを創り出すわけですが、神戸コレクションは、リアルクローズという考え方で、春先に春夏物を、秋口に秋冬物をというようにシーズンインのタイミングですぐに街で着られる服を一般の人に見せる手法を取り入れました。しかも、ターゲットを20代前半の女性とし、神戸エレガンスに代表されるハイセンスなファッションを中心に据えるなど、万人受けではなく、かなりターゲットを絞った展開をしています。

加えて、ファッションショーを観ている最中に気に入った服をスマホや携帯で買うことができ、このファッションショー自体がインターネットやテレビ・新聞・雑誌で見られるというメディアミックスと言われる手法を先駆的に取り入れました。

このように、ＩＴも活用しながら消費者をインボルブし、ターゲティングを意識した仕組みを作り上げたのが神戸コレクションであり、こうした仕組みごとコピーされたさまざまなファッションショーが東京などでも開催されるようになったのです。

この仕組みを作り上げた神戸コレクションエグゼクティブプロデューサーの高田恵太郎さんは、「誰にでも受けようとするものは、誰からも支持されない」というターゲティングの真髄を提起され、自ら実証された方なのです。

神戸コレクション2016秋冬
（©神戸コレクション制作委員会）

なお、神戸市や兵庫県は、毎年春と秋に開催される神戸コレクションを中核としてその前後数週間にわたり様々なイベントを繰り広げる「神戸ファッションウィーク」を支援していますが、その中で神戸空港や商店街、さらにはクラブなどでもファッションショーが開かれます。神戸コレクションの本番では、加藤夏希、トリンドル玲奈、押切もえなどの全国レベルのモデルが登場しますが、空港ファッションショーでは地元のモデルクラブの売れっ子モデルが、さらにクラブのファッションショーでは駆け出しのモデルがランウェイを歩きます。このように、ステージごとに様々なレベルのモデルを採用することについて、高田さんは、「若い人に活躍の場を与えたい」からだとおっしゃっています。単にイベントを成功させることだけでなく、こうした将来の活躍の可能性を提供して人材育成を図るところにも、神戸コレクションの生みの親としての高田さんの厳しくも暖かな視線を感じます。

3．プラットフォームの形成と活用

上述のようなＩＴの活用や価値づくりといった方法論を融合して、継続的な価値づくりを行い、かつ、その拡大・再生産を担うプラットフォームの形成と活用について考えてみます。

（1）プラットフォームの基軸　～日本の歴史・文化・自然

様々なプレーヤーが連携し、新たな価値を創造する「舞台」となるプラットフォームは、こうしたプレーヤー個々の魅力はもちろん、その連携の生み出す価値の魅力が重要ですが、加えて、このプラットフォーム自体の由来や目的や機能に魅力があることが重要です。

このプラットフォームの魅力の一つとして、日本の文化や歴史とのリンクが挙げられます。特に、インバウンド拡大も視野に入れたプラットフォームの形成を考える場合、日本固有の価値を意識した魅力を根幹に据えることの重要性は言うまでもないことでしょう。

この日本固有の価値とは、我が国の歴史、文化、そしてその背景を成す自然を抜きには語れません。これらの価値こそは、我が国全土にわたって存在する様々な地方に固有の価値の総体であり、こうした地方固有の価値は一度失われると再生不能か再生が極めて困難な価値でもあります。

第１章で述べた地方創生の意義がこうした地方固有の価値を守り育てることであれば、こうした価値をプラットフォームの基軸とすることの重要性も容易に理解されることでしょう。

（２）Ｗｉｎ－Ｗｉｎ－Ｗｉｎの関係づくり（Ｂ to Ｂ to Ｃ）

次に、では、そのプラットフォームの上でどういう連携を生み出していくのかという点が重要です。

一義的には、プラットフォームに参加して連携するプレイヤー同士でお互いにメリットを生むビジネス間（B to B）でのWin‐Win関係が構築されることが必要です。どちらかが得をしてどちらかが損をするという「ゼロサム（得（プラス）と損（マイナス）の合計がゼロになること）ゲーム」では長続きしません。

そして、その連携によって生み出された価値がそのユーザー（消費者：Consumer）にとってコストパフォーマンスをはじめとするメリットにつながり支持されることが不可欠です。（B to B to C）

（3）地域や業種を超えた連携、「産学官金報民」の連携

オープンイノベーションの説明でも言及しましたが、インバウンド拡大や産業振興などを目指すプラットフォーム上で展開される価値づくりとしては、地域や業種を超えた連携が不可欠です。

何故なら、海外や地域外からの旅行者は、例えば、日本に来て京都だけしか行かない外国人はまれで、こうした狭い一地域のみに滞在するよりも、バスや鉄道・船・航空機などの交通機関を利用しながら地域を超えて移動するケースがほとんどです。

また、日本の食を楽しみに来訪する外国人も、例えば、有名な饅頭を食べるのが目的だ

としても、他にも食事はするしお酒も飲むでしょう。さらに、食べたらお終いではなく、海山や渓谷などの自然を楽しみ、神社仏閣や歴史的建造物なども見て回るでしょう。また、産業遺産に関心を持つ人や、ものづくりの匠の技を見たい人もいるでしょう。このように、観光やインバウンドだけを取り上げても、地域や業種を超えた連携の必要性は明らかです。

地方創生に主要な役割を果たす地域振興に関し、このほかにも、様々な財・サービスに関する価値づくりとその市場化を実現していくためには、こうした地域や業種を超えた連携を推進していくことが極めて重要です。

特に、製造業や商業・サービス業などにおけるマーケットは、一地域に限定されることはなく地理的に拡大していくべきものであり、イノベーションなどの連携のあり方もこれまでのやり方にとらわれない新たな組み合わせも考えられます。

例えば、販路開拓では、真珠の市場と清酒の市場が連携すると前者は女性中心のマーケットで後者は男性中心のマーケットなので、単純計算すれば、市場が2倍になるわけです。

この取り組みを少し紹介すると、神戸にある真珠輸出組合と灘五郷酒蔵組合では、日本酒ソムリエバッジを作って、真珠と清酒というおよそこれまで関係のなかった業種がタイアップをしています。

ご存知のとおり、ワインのソムリエバッジは原料のぶどうをモチーフにしてデザインされていますが、日本酒の原料は米なので、稲穂に先に小さな真珠をあしらったデザインの日本酒ソムリエバッジを真珠組合で作成し、灘五郷の清酒メーカーがこの普及でタイアップしています。

最近、酒蔵見学と利き酒がセットになった観光コースが人気ですが、例えば、こうした酒蔵観光の記念に、日本酒ソムリエバッジのレプリカを廉価で買えるとしたら、楽しい酒蔵見学と美味しい利き酒の記念として人気が出ることでしょう。

このような業種を超えた連携を後押しする舞台としてもプラットフォームの役割はこれからますます重要になることでしょう。


一方で、こうした連携に向けた活動を支える体制として、産学官の連携はもとより、資金手当てを担う金融機関やその成果を広める報道、そしてこうした価値を消費することにより持続可能性をサポートし、この価値に対する評価をフィードバックする市場としての民間の人々の存在が不可欠です。

産学官連携でいくら良い財やサービスを開発できても、これを事業化するには当然に資金が必要となりますし、いくら資金手当てが済んで事業化できても、これを人が知らなければいくら良いものでもないのと同じなので、その広報が重要です。そしてこれを支持する市場が形成されれば、連携の環の完成です。

こうした連携（「産学官金報民」の連携）を基礎として、地域や業種を超えたプラットフォームが形成され、機能していくこととなります。

（4）「出口」を意識した取り組みとは

事業者間での連携によって事業化が行われる際に、互いにメリットのあるＷｉｎ‐Ｗｉｎ関係の構築が重要である点は指摘しましたが、そのための考え方の一つが、出口を意識した連携です。

そのもっとも典型的な事例が、農業です。

ＩＰＡから出版された「情報は誰のものか」（海文堂）にも書かれていますが、これまでの農業は、作ったものは全て農協に納めて終わりというスタイルだったのですが、インターネット社会で情報が自由に流通するようになると、生産者とレストランのような中間需要者や最終消費者とが直接情報のやり取りを行って、生産物が流通することも可能になりました。

朝採れたばかりの野菜がネット販売でその日のうちに消費者の手元に届くサービスなどは珍しくなくなりました。

こうした農協を通さない流通手法として、B to Cでの直接販売に加えて、最近ではB to Bでの流通も増えてきています。

後述する「橘街道プロジェクト」でも取り上げていますが、例えば、和歌山の有田みかんをそのまま使ったケーキをパティシエと呼ばれる洋菓子職人が創作して物凄い人気となっている事例では、ミカンという農産物の出口を洋菓子職人が提供しています。

また、「比叡ゆば」で知られている滋賀県のゆば生産企業では、滋賀県産の大豆を使うことがブランド価値にもなっています。日本で消費される大豆の9割以上は米国などから輸入されているのですが、日本伝統の食品であるゆばの原料を日本産（滋賀県産）の大豆で作るところがこだわりなのです。これは、大豆の出口をゆばという加工食品が提供している例です。

また、兵庫県の淡路島では、有名な南淡路市のリゾートホテルで、淡路たまねぎ、淡路ハーブ、鳴門オレンジなどの地元の食材を使った食事が出されます。この事例では、地元の農産物の出口をホテルというサービス業が提供しています。

そしてこのようなせっかくの出口を意識した取り組み事例が広く知られるようになるためには、上記のようなプラットフォームの活用が有効な手段の一つとして挙げられます。

（5）実験としての「橘街道プロジェクト」

これまで述べたようなIT活用、様々な価値づくりに向けた個々の取り組み、官民共同によるプラットフォーム構築と当該プラットフォーム上での参加主体による連携、その連携による情報発信やマーケットの創出、そしてこれらの結果としての地方での価値創造を目指したモデルプロジェクトが、「橘街道プロジェクト」です。

以下は、「橘街道プロジェクト」に関する「リーチかんさい」（一般社団法人経済産業調査会近畿支部　発行）への寄稿文に若干の修正・加筆をしたものです。

この文章は、筆者が近畿経済産業局で総務企画部長をしていた際に同誌へ寄稿したもので、平成24年から25年にかけての時点での記述です。

したがって、来日外国人の数に関する記述などは現時点では状況が異なるのですが、全体の構成を歪めないようにあえて当時のままにしてありますので、お含みおきください。

以下資料より引用

・・・・・・・・・・・・・・・・・・・・・・・・・・・・・・・

橘街道プロジェクト

～菓子を中心とした京阪神の文化や歴史をたどる街道をプロデュース～

現在、近畿経済産業局や関西を中心とする様々な自治体、企業、NPO、SNS等で繋がるコミュニティなど多くの関係者の皆さんの協力と競争（?）の下、「橘街道プロジェクト」が推進されているところです。

この「橘街道プロジェクト」は、今から約1900年前、第11代の垂仁天皇の命を受けて大陸から不老長寿の果実とされた「橘」【写真1】を持ち帰ったと言われる田道間守《たじまもり》【写真2】を菓祖として祀っている中嶋神社（兵庫県豊岡市）や橘本神社（和歌山県海南市）、垂仁天皇陵（奈良県奈良市）を始め、京阪神の菓子産地などを結んで我が国の菓子を中心とした文化や歴史をたどる街道（「橘街道」）をプロデュースしようとするものです【図１】。

加えて、このプロジェクトは、菓子のみならず、寿司や日本酒など日本の食文化に関連する産業や、鉄道や道の駅など交通機関を始めとする観光関連機関・施設、さらには観光拡大に向けて魅力を発信するコンテンツ産業など様々な業種も参加して、分野を越える協力を通じたインバウンド拡大を目指す「プラットフォーム」を形成しようとするものです。

ちなみに、日本の柑橘類の原種は、沖縄のシークワーサーとヤマト橘の二つだけで、温州みかんやレモンなどは、品種改良や突然変異でできたものや外来種だということです。

［写真１］橘

［写真２］「橘」を持ち帰ったと言われる田道間守

また、なぜ橘がお菓子のルーツかというと、クッキーやケーキは無かった1900年前には、栗などの木の実や柑橘類などをデザートとしていたことから、柑橘

［図１］橘やお菓子にまつわる神社・名所と各地の代表的なお菓子〈橘街道〉

類の先祖である橘を持ち帰った田道間守がお菓子の神様として祀られているとのことです。そういえば、お菓子の「菓」は、果実の「果」に「くさかんむり」が付いていますよね。

また、地域を越える協力の例としては、中国地方で進めている瀬戸内海を巡る海の道「しまなみ海道」とのタイアップも考えられます。この「しまなみ海道」は、道後温泉のある愛媛や世界遺産の宮島（厳島神社）や原爆ドームのある広島といった観光地のみならず、みかんやレモンなどの柑橘類を栽培する瀬戸内の地域も後背地として有するため、橘街道との親和性もあります。このように中国・近畿にまたがる海の道やクルージング観光と陸の道とのタイアップにより、関西国際空港に降りた海外からの旅行者が大阪・京都経由で東京方面に抜けていくのではなく、西日本に向かう大きな流れを生むといった効果も期待されます。

このように、「橘街道プロジェクト」は、分野横断的かつ地域横断的な「プラットフォームの連結」によって、まさしくドイツの「ロマンチック街道」を遥かに凌ぐ世界的な観光コースとして、我が国へのインバウンド拡大の中核的機能を担おうとするものです。

さらに、この「橘街道プロジェクト」の究極の狙いは、単にインバウンド拡大を目指す観光施策の提案や実施にとどまらず、これまで地域や業種ごとにバラバラに行われてきた地域振興施策に関して、まさに、地域を越えて、また、分野を越えて、官民一体となって「戦略と戦術」に基づく「仕組みや仕掛け」を創ろうとする「機運を醸成」しようというものなのです。

「橘街道プロジェクト」の取り組みの背景と目的

近年、我が国においては、戦略や仕掛けの不足により「技術で勝ってビジネスで負ける」ケースが散見されます。例えば、シャープは、その液晶技術は素晴らしいのに経営的に苦戦している一方で、シャープの液晶を使ったアップルは巨額の利益を上げています。また、日本の眼鏡の9割は福井県の鯖江市で造られていると言われ、加工の難しいチタンフレームの採用に先進的に取り組むなど職人技の高い技術を有していますが、結局はヴァレンチノとかサンローランといったブランドで売られ、高額のライセンスフィーを支払わされています。さらに、日本のアニメはそのストーリーや画像の素晴らしさによって世界中で人気を博している一方で、4億人以上が訪れた東京ディズニーランドからは莫大なライセンスフィーが米国のディズニーに支払われ、1億人以上が訪れた大阪のユニバーサルスタジオ・ジャパンにしても同様ですが、日本のアニメにはこのように世界中の人々に夢を体感させてそれを拡大再生産し、巨額のライセンスフィーを集める「仕組みや仕掛け」がありません。

このように、「仕組みや仕掛け」の不足により、せっかくの日本の企業や産業の高度な技術やサービスによる儲けが海外企業に持って行かれる事例が数多く見られます。日本は間違いなく技術やサービスの水準が世界的に極めて高い「鬼」なのですが、「戦略」や「仕掛け」という「金棒」が無いために国際競争で負けてしまうのです。この「金棒」を手にできれば、「鬼に金棒」となるのですが、「金棒」は転がっているわけでは無く、自ら作り出す必要があります。日本に、今こそ、「戦略」と「仕掛け」という「金棒」作りが求められる所以《ゆえん》です。

一方、我が国への外国人訪問者数（インバウンド）に目を向けると、【表1】にあるように、2011年は東日本大震災の影響もあって日本への外国人訪問者数は、620万人余りでした。ここ数年で見ると800万人前後で、これを1000万人に増やそうというのがビジット・ジャパンの当面の目標のようですが、人口が1億2000万人もいる日本にたった800万人前後しか外国人訪問者がいないというのは異常なことです。【表1】をよく見ると、人口が約6000万人のフランスは、8000万人近い外国人訪問者を受け入れ

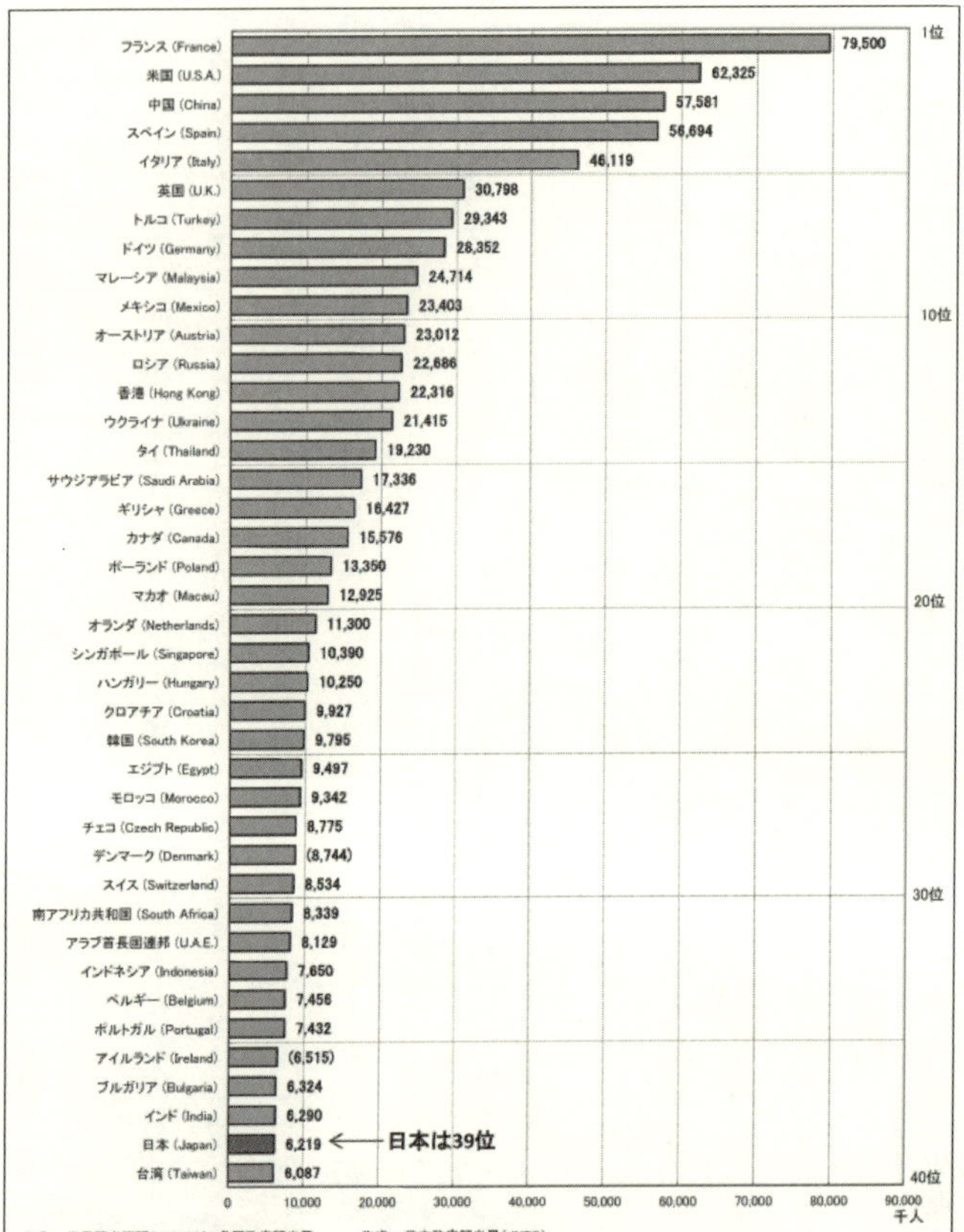

出典： 世界観光機関(UNWTO)、各国政府観光局　　作成： 日本政府観光局(JNTO)

注1： 本表の数値は2012年6月時点の暫定値である。

注2： デンマークとアイルランドは、2011年の数値が不明であるため、2010年の数値を採用した。

注3： アラブ首長国連邦は、連邦を構成するドバイ首長国のみの数値が判明しているため、その数値を採用した。

注4： 本表で採用した数値は、韓国と日本を除き、原則的に1泊以上した外国人訪問者数である。

注5： 外国人訪問者数は、数値が追って新たに発表されたり、さかのぼって更新されることがあるため、数値の採用時期によって、そのつど順位が変わり得る。

注6： 同一国において、外国人訪問者数が異なる統計基準に基づいて算出されている場合があるため、比較する際には注意を要する。

Source: UNWTO and National Tourism Offices　　Compilation: Japan National Tourism Organization (JNTO)

[表1] 世界各国・地域への外国人訪問者数（2011年 上位40位）
Camparison of Inbound Tourism by Country/Area for 2011

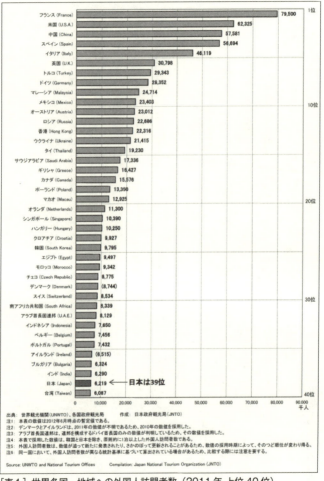

ています。これを日本にひき直すと1億５０００万人は来てもらいたいところです。しかし、現実は、わずか８００万人です。人口が約５０００万人で日本の人口の半分にも満たない韓国ですら、約９８０万人の外国人訪問者を受け入れています。

これは、一体どういうことなのでしょうか。日本には、美味しい食べ物やお酒も、見るべき歴史や文化も、自然の美しさもないのでしょうか？　まさしく、戦略と戦術に基づく仕掛けや仕組みの欠如の結果ではないでしょうか。もちろん、海に囲まれた国で地続きの国に比べればハンディキャップもあるでしょうが、英国も島国ですが３０００万人あまりの外国人訪問者を受け入れ世界で6番目になっています。日本はもっと本気になってまじめにやれ！　と叫びたくなるのは、私だけでしょうか？

私は､米国フロリダ州のオーランドを訪れたとき､ショックを受けました｡もともと、オーランドは、使いようのない湿地が多く、ブヨとワニしかいない不毛の地でしたが、今では、年間5兆６０００億円のお金が落ち、全米屈指の国際空港を擁して世界中から直行便が飛んできます。たった一人の男がこんな仕組みを作ったのです。その人の名こそは、ウォールト・ディズニー。彼は、ディズニーワールドに加え、エプコットセンター、ＭＧＭスタジオ、ユニバーサルスタジオ、巨大水族館シーワールドなどを集め、国際会議のできるホテルやゴルフ場なども併設し、一般観光客のみならず、世界中のビジネスマンやその家族も引き寄せる大規模な仕組みを創ったのでした。

繰り返しますが、日本、さらにここ関西は、ブヨとワニしかいない不毛の地ではないのです。海の幸、山の幸、果物などの食材に恵まれ、世界に誇る日本食や日本酒、スイーツを始めとする食文化を擁し、京都・奈良を始めとするいにしえの歴史・文化、ハイカラな神戸、熊野古道や国宝姫路城等数々の世界文化遺産などなど、枚挙に暇が無いほど魅力に溢れた地域なのです。その関西が、3つも空港があって余っているから削減・合理化しようとか、縮こまる話ばかりして、本当に発展性があるのでしょうか?「3つしか空港がなくて困る」というくらいの大きな仕掛けや仕組みを何故創ろうとしないのでしょうか?私は、関西がブヨとワニしかいない不毛の地に負けるようでは、死んでも死にきれません。必ずや関西の地に化けて出てきます。

なお、インバウンドの拡大は、単にホテルやレストランや土産物屋にお金が落ちるという経済効果だけではありません。「美味しかった(O)、楽しかった(T)、嬉しかった(U)、勉強になった(B)」という四つの感動を生む「大粒(OTUB)」の感動を世界の人々に提供し、一人でも多くの外国人訪問者に日本ファンになってもらう極めて重要な手段なのです。これは、経済効果にとどまらず、安全保障にもつながるまさしく日本のソフトパワーの発揮の場であるとさえいえるでしょう。「橘街道プロジェクト」が、これほど重要な意味をもつインバウンドの拡大に日本人が本気になって取り組む嚆矢《こうし》となれば、これに勝る喜びはありません。

また、地域経済振興に関しても、府県や市町村ごと、地域ごと、業界ごとにバラバラな取り組みも多く、せっかくの地域資源や匠の技などが戦略的に活かされる大きな仕組み（プラットフォーム）が形成されていない状況にあります。特に、近畿地域においては、その多彩な歴史・文化を地域の経済・産業の活性化やブランド戦略に取り込んでいくために、これらの地域文化を経済振興やインバウンド拡大などに戦略的に活用するための分野・地域を横断する大きな「仕掛けや仕組み」が重要であると考えられます。

「橘街道プロジェクト」は、こうした観点から、田道間守に関わる伝承を中心に、兵庫から京都、奈良、大阪、和歌山に至る菓子文化を巡る大街道を形成し、この街道に関わる鉄道や道の駅や空港、ホテルや旅館やレストランやショップといった観光関連事業の参加を得て、その魅力を発信するための舞台芸術や映画を始めとするコンテンツ産業、土産物や関連商品の製造に関わる製造業など、地域や業種を超えた連携体制を構築しようとする

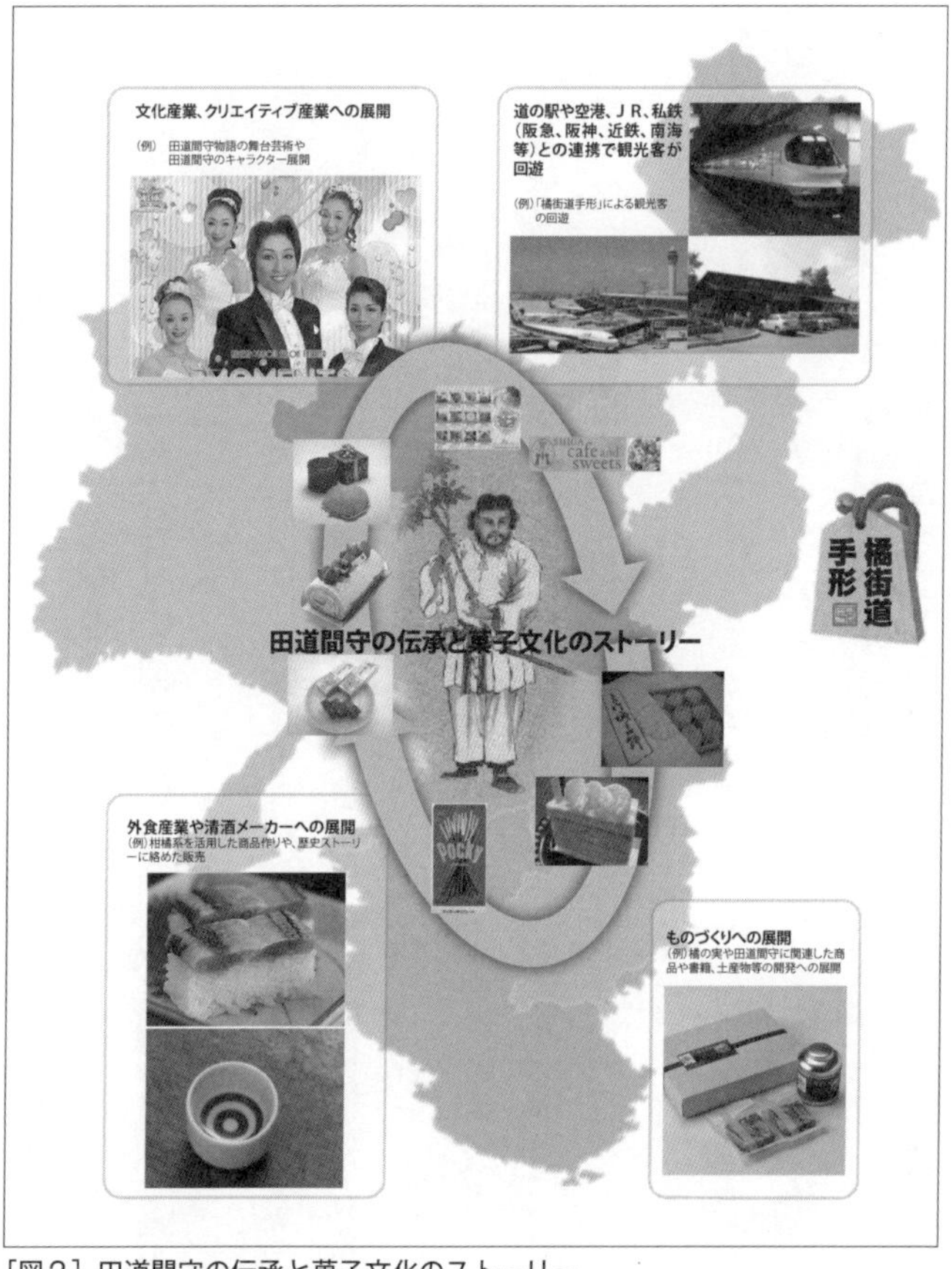

[図２] 田道間守の伝承と菓子文化のストーリー

ものです。このような体制を「プラットフォーム」と呼んでおり、この「プラットフォーム」の魅力向上に貢献することを条件に参加は自由で、かつ、こうした参加により次々にWin‐Win関係を拡大していくというものです。

このようなプロジェクトを通じて物語性と回遊性を産み出すことにより、我が国の菓子を始めとする食文化に一層の深みと魅力を付加して世界中の人々の憧れの対象とするとともに、インバウンドの拡大を目指して他の地域資源（温泉、食材・酒、文化・芸術など）との相乗効果を生む「プラットフォーム」を形成し、地域経済の発展に資することがその目的の一つです【図2】。

「橘街道プロジェクト」の経緯

①姫路菓子博2008

筆者は、平成18年から21年まで兵庫県庁に出向し、平成20（2008）年の4月18日から5月11日までの24日間にわたって姫路で開催された第25回全国大菓子博覧会（「姫路菓子博2008」）（注）では、産業労働部長として事務方の責任者を務めました。その際、兵庫県豊岡市の中嶋神社に祀られている田道間守《たじまもり》というお菓子の神様を分祀して姫路の菓子博会場においで頂き、24日の会期中の無事を見守ってもらったのです。そのお蔭もあってか、概ね60万人の来場を想定していたところ、92万2千人という空前の来場者数を記録したのです。

（注）全国大菓子博覧会は、明治44年に第1回が東京で開催されて以来、約100年にわたって続く和菓子の品評会を起源とするお菓子の博覧会で、4～5年間隔で開催。第26回は広島市で平成25年4月19日から5月12日まで開催。

②垂仁天皇陵と「天からの光」

この話を、たまたま、KNS（関西ネットワークシステム：後述）の会合でしていたところ、KNS世話人の一人で奈良県橿原《かしはら》市在住の廣田さんから、「中村さん、違うよ。田道間守は奈良の大和郡山に祀られているのだよ」と聞かされ、「そんなはずはない。姫路菓子博2008の会場に臨時の社を設けて兵庫県豊岡市の中嶋神社に祀られている田道間守に来て頂いたのですから、間違いありません」と反論しました。すると、「では、一度、大和郡山に来てみなさい」と言われ、実際に行ってみると、近鉄橿原線の尼ヶ辻駅からすぐ近くにある垂仁天皇陵の池の中に田道間守を祀る小島が浮かんでおり、宮内庁が管理する御

写真4：垂仁天皇陵にある田道間守が持ち帰ったと言われる橘の木

写真3：垂仁天皇陵

写真6：空から大きな光の束が降り注いできた。

写真5：垂仁天皇陵の前で記念撮影していると..

陵の前には田道間守が持ち帰ったと言われる橘の木が植えてあったのです。【写真3、4】

　このとき、御陵のそばで記念写真を撮っていると、にわかに空が曇ってきて、気がつくと、空から大きな光の束が降り注いできたではありませんか。【写真5、6】

　筆者としては、(「ワシはここに居るのだ！」との)神の怒りに触れたのか、または、(「よく大和郡山まで足を運んできたのう」と)褒められたのか、定かではありませんでしたが、いずれにせよ、この後、次々と不思議な事象が重なって、「橘街道プロジェクト」が立ち上がり、大きなうねりとなっていくのです。

なお、【写真5】の左から2番目が筆者で、左端の方は、創業1585（天正13）年の本家菊屋の第26代目当主の菊岡さんです。豊臣秀吉の名参謀と呼ばれた弟の豊臣秀長が大和郡山百万石の城主であったとき、大阪から兄の秀吉が来るというので、茶会を催した際、大和郡山城の出口でお餅を作っていた菊屋さんによりお茶菓子として献上されたのが「御城之口餅」です。つまり、我々は、今でも、豊臣秀吉が食べた餅を実際に食べることができるのです。私も食べてみましたが、とても美味しい餡入り黄粉餅であることに加え、何か、天下人になった気分がしたのでした。つまり、ここに400年以上前に太閤秀吉が食べたという「ストーリー」があるから、わくわくする感動を覚えるのです。

写真7：なら橘プロジェクト

③尼ヶ辻橘プロジェクト～日崎さん、堂野さんの参戦

この菊屋の菊岡さんが尼ヶ辻フィールド代表の久保田さんを始めとする地元奈良の農業関係者の皆さんと仕掛けておら

れるのが、「なら橘プロジェクト」【写真7】です。

これは、垂仁天皇陵から道を隔てた反対側の農地などで、ごまの木と一緒に橘の苗木を植え、収穫された橘の実を使った菓子を創作するなど、橘を活かして町おこしに役立てようというものです。実は、新たに神戸風月堂の日崎さんやKNS世話人の堂野さんにも「橘街道プロジェクト」参加してもらうべく、後日、尼ヶ辻に来てもらった際に、久保田さんを始め「なら橘プロジェクト」の皆さんが作業中で、話を聞くことができたのでした。

なお、久保田さんや地元奈良の皆さんによれば、「橘街道」自体が実在していたとのことで、奈良市、大和郡山市、桜井市、橿原市などを通って明日香村の橘寺（後述）に至る道（平城京と藤原京を結ぶ古代の官道「中ツ道《なかつみち》」）が一部発掘されており、その両側に橘の植樹をしようという運動もすでに始まっています。平成25年3月3日には、大和郡山市石川町で植樹祭が行われました。

④中嶋神社と出石の「橘のしずく」
筆者が参加している前出のKNSというグループで、「橘街道プロジェクト」とはもともと関係なく昨年10月に豊岡で定例会を開くことになっていたところ、せっかくなら田道

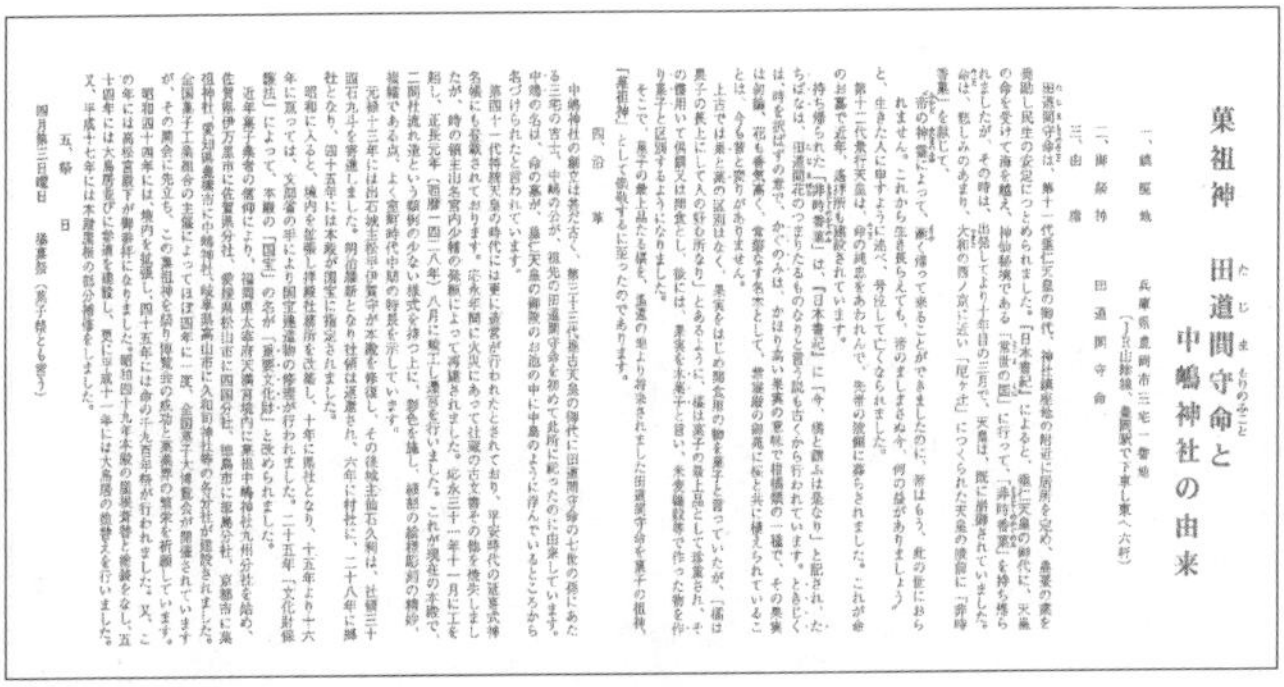

菓祖神　田道間守命《たじまもりのみこと》と中嶋神社の由来

一、鎮座地　兵庫県豊岡市三宅一番地（JR山陰線、豊岡駅で下車し東へ六粁）

二、御祭神　田道間守命

三、由緒

田道間守命は、第十一代垂仁天皇の御代、神社鎮座地の附近に居所を定め、農業の業を奨励し民生の安定につとめられました。『日本書紀』によると、垂仁天皇の御代に、天皇の命を受けて海を越え、神仙秘境である「常世の国」に行って、「非時香菓」を持ち帰られましたが、その時は、出発してより十年目の三月で、天皇は、既に崩御されていました。命は、悲しみのあまり、大和の国ノ京に近い「尼ヶ辻」につくられた天皇の陵前に「非時香菓」を献じて、

「常世の神郷によって、遥く帰って来ることができましたのに、帝はもう、此の世におられません。これから生き長らえても、帝のましまさぬ今、何の益がありましょう」

と、生きた人に申すように述べ、号泣して亡くなられました。

第十二代景行天皇は、命の純忠をあわれんで、先帝の陵側に葬らされました。これが命のお墓で近年、遥拝所も建設されています。

持ち帰られた「非時香菓」は、『日本書紀』に「今、橘と謂ふは是なり」と記され、たちばなは、田道間花のつまりたるものなりと言う説も古くから行われています。ときじくは、時を択ばずの意で、かぐのみは、かほり高い果実の意味で柑橘類の一種で、その果実は勿論、花も香気高く、常磐なす名木として、紫宸殿の御苑に桜と共に植えられていることは、今も昔と変りがありません。

上古では菓と菓の区別はなく、果実をはじめ間食用の物を菓子と言っていたが、「橘は果子の長上にして人の好む所なり」とあるように、橘は菓子の最上品として珍重され、その後用いて供饌又は間食とし、後には、果実を水菓子と言い、米麦雑穀等で作った物を作り菓子と区別するようになりました。

そこで、菓子の最上品たる橘を、遠国の地より将来されました田道間守命を菓子の祖神、「菓祖神」として崇敬するに至ったのであります。

四、沿革

中嶋神社の創立は甚だ古く、第三十三代推古天皇の御代に田道間守命の七世の孫にあたる三宅の吉士、中嶋の公が、祖先の田道間守命を初めて此所に祀ったのに由来しています。中嶋の名は、命の墓が、垂仁天皇の御陵のお池の中に中島のように浮んでいるところから名づけられたと言われています。

第四十一代持統天皇の時代には更に造営が行われたとされており、平安時代の延喜式神名帳にも登載されております。応永年間に火災にあって社殿の古文書その他を焼失しましたが、時の領主山名宮内少輔の発願によって再建されました。応永三十二年十一月に工を起し、正長元年（西暦一四二八年）八月に竣工し遷宮を行いました。これが現在の本殿で、二間社流れ造という類例の少ない様式を持つ上に、彩色を施し、細部の絵様彫刻の精妙、雄健である点、よく室町時代中期の特長を示しています。

元禄十三年には出石城主松平伊賀守が本殿を修復し、その後城主仙石久利は、社領三十国石九斗を寄進しました。明治維新となり社領は返還され、六年に村社に、二十八年に郷社となり、四十五年には本殿が国宝に指定されました。

昭和に入ると、境内を整備し拝殿社務所を改築し、十年に県社となり、十五年より十六年に亘っては、文部省の手により国宝建造物の修理が行われました。二十五年「文化財保護法」によって、本殿の「国宝」の名が「重要文化財」と改められました。

近年菓子業者の信仰により、福岡県太宰府天満宮境内に菓祖中嶋神社九州分社を始め、佐賀県伊万里市に佐賀県分社、愛媛県松山市に四国分社、徳島市に徳島分社、京都市に菓祖神社、愛知県豊橋市に中嶋神社、岐阜県高山市に久和田神社等の各分社が建設されました。全国菓子工業組合の主催によってほぼ四年に一度、全国菓子大博覧会が開催されていますが、その開会に先立ち、この菓祖神を祭り博覧会の成功と菓業界の繁栄を祈願しています。

昭和四十四年には、境内を拡張し、四十五年には命の千九百年祭が行われました。又、この年には高松宮殿下が御参拝になりました。昭和四十九年本殿の屋根葺替と塗装をなし、五十四年には大鳥居並びに参道を建設し、更に平成十一年には大鳥居の塗替えを行いました。又、平成十七年には本殿屋根の部分補修をしました。

五、祭日

四月第三日曜日　播菓祭（菓子祭とも言う）

別添１：中嶋神社の名前の由来を示す資料

間守を祀る中嶋神社にも皆で立ち寄ろうという話になり、20人ほどのメンバーで訪問し、大垣宮司から直接にお話を伺うことができました。

この際に大垣宮司から頂いた資料【別添1】にもあるとおり、中嶋神社の名前の由来は、垂仁天皇陵の池にある田道間守を祀った小島が中の島（中嶋）のように見えることから、田道間守の故郷の豊岡に中嶋神社として祀られたものだそうです。

ところで、この豊岡でのKNS会合の翌日、近くの出石《いづし》に寄って名物の出石そばを食べたのですが、たくさんあるそば屋のうち、たまたま入ったそば屋から出てきてバスに帰ろうとしたところ、小さな洋菓子屋さんの窓ガラスに「橘のしずく」というポップが貼ってあるのを廣田さんが見つけました。

慌てて店に飛び込んで早速「橘のしずく」を買い求め、

写真8：橘のしずく

バスの出発を気にしながら急いで食したのですが、その際に聞いた説明によれば、橘の実の皮を小さく刻んでスポンジケーキに入れて、橘の実を絞って作ったゼリーを包んだものが「橘のしずく」【写真8】でした。したがって、このケーキは、適度の渋みや苦みがあり、ゼリーの酸っぱさとも相俟って、爽やかな甘みに仕上がっていて、実に美味しいお勧めの一品となっています。

このお店は、「パティスリー・アッシュ・加藤」さんで、「橘のしずく」の原料となる橘の実は、静岡県沼津市の戸田《へだ》で栽培されているものだそうです。

その後、わざわざ兵庫県から遠く離れた静岡県の沼津方面から取り寄せていることに興味を持った廣田さんが東京出張の帰りに（!）戸田に立ち寄ったことが縁となり、3年後の平成27年7月に橘研究会の面々が関西や関東から集合して戸田を訪れることになりました。

兵庫県の出石で偶然見つけた橘のケーキの取り持つ縁が関西と

いう地域の枠を超えた連携の動きに繋がっています。廣田さんの行動力に頭が下がる思いです。

⑤テレビで偶然見た「的場農園とパティシエ・ミキ」～農業への思い

ある休日に、筆者がたまたまテレビのスイッチをひねったところ、和歌山の農園とパティシエの感動的な物語を特集した番組を放映していました。何だろうと思って見ていると、農業の話から、何と、お菓子の話につながっているではないですか。

簡単に御紹介すると、和歌山県有田市でみかん農園を経営する的場《まとば》さんが、先祖伝来のみかんの木を泣きの涙で一部切ってマンゴーを植え、完熟させた美味しいマンゴーを作って新たなビジネスチャンスにトライされたのですが、この完熟マンゴーは農協に持ち込んだところ扱いを拒否されました。それは、バナナでも同様ですが、青いうちに流通させて店頭に出るころに食べ頃になるものでないと扱えないからです。マンゴーは、完熟すると地面に落ちてだめになってしまうので、的場さんは実一つずつをネットに包んで育て、完熟したマンゴーがポトンとそのネットに落ちたところを収穫して美味しい状態で消費者に届けたいと考えたのでした。

しかし、農協に扱いを拒否されてしまい、途方に暮れていた的場さんが最後に飛び込んだのが和歌山市のパティシエの三鬼さんでした。その美味しさに驚いた三鬼《みき》さんが、早速、「完熟マンゴーパイ」として発売したところ、大人気となり、それ以来、的場さんと三鬼さんの協力が始まったのでした。さらに、的場さんの農園でとれる和歌山県有田市産のみかんの美味しさに惚れた三鬼さんは、このみかんそのものをトッピングし、バターをみかんジュースで溶いたクリームをスポンジケーキで挟んだオリジナルスイーツ「みかんの紀婦人」【写真９】を作ったところ、これまた大評判になりました。

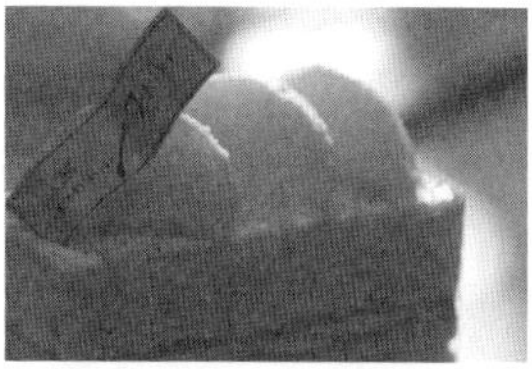

写真９：和歌山県有田市産のみかんを使ったスウィーツ「みかんの紀婦人」

写真 10：和歌山県有田市でみかん農園を経営する的場さん

写真 11：「みかんの紀婦人」を作った三鬼さん

このドキュメント番組が放送されたのを休みの日に偶然テレビで見た筆者は、早速、的場さんと三鬼さんにアポイントを申し込み、和歌山県まで飛んでいきました。【写真10、11】

最初は、「何で農林水産省ではな

くて経済産業省の人が農園にやってくるのだろう」と怪訝に思われたようですが、的場さんに「橘街道プロジェクト」の話をしたところ、その趣旨に大いに賛同を頂き、その足で訪問した三鬼さんにも「橘街道プロジェクト」への参加と協力を快諾していただいたのでした。筆者は、農協で相手にされなかった農家がパティシエと組んで、自らの農業生産品が消費者の顔が見える市場に直接提供されるという高付加価値型の農業とサービス業の連携のまさに典型を見た思いでした。

我が国経済における「鬼に金棒」の重要性については、すでに述べましたが、安全・安心で極めて質の高い日本の農業は、間違いなく世界的に見ても「鬼」なのですが、出口戦略である「金棒」が無ければ国際競争に勝てません。

これをサッカーに例えてみましょう。日本が韓国に20連敗するなど、アジアでもほとんど勝てず、ワールドカップ出場など夢のまた夢であった時代は、年に1回、正月に「天皇杯」でほとんど観客のいない国立競技場での「ヤンマー」と「日産」の決勝戦を見るのがサッカーのテレビ放送でした。当時は、ノンプロと呼ばれる実業団のサッカーしかなく、昼間はオフィスなどで仕事をして、夕方からサッカーの練習をしているようでは、ヨーロッパや南米などのプロサッカーにかなうはずもありませんでした。そこで、「Jリーグ」というプロのリーグを作って、ジーコやストイコビッチといった世界の超一流選手とプレーできる環境を作り出し、莫大な放映料を払うメディアやゼッケンをつけるスポンサー企業、チケットを買って応援に来る地元ファンといったサポーターがついて、経済的にも持続可能なシステムが出来上がりました。こうした中で、少年サッカーや高校生もプロサッカー選手を目指して頑張るようになり、裾野が拡大して日本サッカーのレベルが向上し、今や、ワールドカップやオリンピックの常連となり、香川選手や長友選手のように巨額の移籍料を稼ぎながら世界的なクラブチームで活躍する選手も現れてきました。

これを農業政策と対比をするつもりはありませんが、ノンプロの選手たちにいくら個別所得補償をしても、構造改善事業と称して運動場の整備をしても、それだけではワールドカップには行けません。ましてや、香川選手や長友選手にいくら補助金を出して頑張れといっても、それだけで彼らが世界の超一流選手になることはないでしょう。補助金や運動場が要らないと言っているのではなく、Ｊリーグという活躍の場とその活躍をサポートする仕組み・仕掛け（金棒）を作ったからこそ、今の日本サッカーがあるのではないでしょうか。選手（生産者）への直接支援（補助金や基金）や運動場の整備（構造改善事業）ばかりに力を注ぐのではなく、選手（生産者）が誇りを持って真に活躍できる場を作り出す出口戦

写真 12：橘本陣社

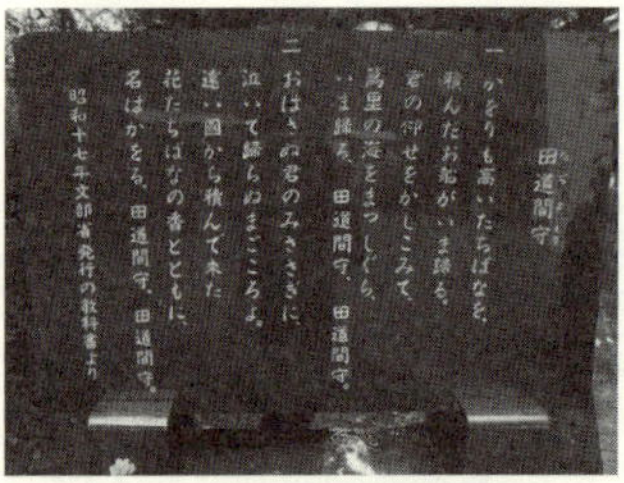

写真 13：田道間守の歌の石碑

略無くしては、国際競争の舞台では戦えないのではないでしょうか。

ＴＰＰ交渉参加問題とは関わりなく、「攻めの農業」の必要性が強調されているところですが、「クールジャパン戦略」とも連携して、農業関係者や、お菓子を始めとする日本の豊かな食文化の担い手、食文化に関連する観光・交通などのサービス事業者、さらには、これらの振興に寄与するクリエーターやコンテンツ産業関係者などが力を合わせて活躍できる場（プラットフォーム）を作り出そうとする「橘街道プロジェクト」が我が国の様々な産業の出口戦略としても機能することを期待する所以《ゆえん》です。

⑥橘本神社

和歌山県海南市に田道間守を祀っている神社があるというので、早速訪ねてみました。それがこの橘本神社です【写真12】。

境内には、戦前の小学校では教科書に載っていた田道間守の歌の石碑【写真13】もありました。

この橘本神社の前山宮司には、後述する「橘街道プロジェクト」の紹介ビデオに出演して頂くなど、積極的な御協力を頂いています。

⑦橿原神宮と橘寺

写真 14：橘寺の高内住職に「橘街道プロジェクト」のコンセプトを説明

ＫＮＳのメンバーで、橘の広がりをさらに探る目的で、奈良の橿原神宮と橘寺に行きました。橘寺は、明日香村にある聖徳太子を祀った寺ですが、田道間守も祀ってあるのに驚きました。早速、高内住職に「橘街道プロジェクト」のコンセプトを説明し、御理解と御協力をお願いしました【写真14】。

なお、この見学会から、奈良県大和郡山市の出身で、「茜色の約束」という大和郡山を舞台に在日ブラジル人と金魚をメインテーマにした感動的な映画を作られた塩崎監督が参加されました。

⑧榎田さんの本格参戦

アースボイスという会社を主宰する映像メディアプロデューサーの榎田さんに、先述の大和郡山の垂仁天皇陵に現れた光の束の写真を見せたところ、強烈な感動を覚えたとのことで、この「橘街道プロジェクト」を90秒の映像で紹介しようということになりました。この映像は、後述する広島での第26回全国菓子大博覧会で上映されることになりました。

⑨廣瀬大社

奈良県北葛城郡河合町に、大和川や飛鳥川など大和盆地を流れるすべての川が合流する地点で橘が自生しているところがあるとの廣田さんの案内で、やはりKNSの皆さんとその地を訪ねてみました。この合流地点で水の神様を祀る廣瀬大社の歴史や由来などを樋口宮司から御説明頂き、自生する橘の姿とともに、大和の不思議な地形を体感する印象的な見学となりました。

⑩KNS（関西ネットワークシステム）

ここで、この「橘街道プロジェクト」発足のきっかけとなったKNSについて触れなければなりません。この集団（?）は、別名「かならず（K）飲んで（N）騒ぐ（S）会」と言われ、数百人のメンバーからなるSNS（ソーシャルネットワークシステム）のリアル版ともいえる交流会で、単なる名刺交換会や異業種交流会ではありません。10年前の創設以来、すでに700回近い会合を重ねています。

筆者は、八尾市で開催された定例会で基調講演を引き受けたことから参加するようになり、このKNSでの偶然の会話が先述のとおり「橘街道プロジェクト」のきっかけとなったのです。

⑪全国菓子工業組合と広島菓子博2013

和菓子を中心としたお菓子の関係業界である全国菓子工業組合の理事長は、室町時代の創業である駿河屋の社長の岡本楢雄さんと言う方で、息子さんで社長室長の岡本博之さんは、偶然にも筆者の中学・高校の同級生なのでした。博之さんを通じてこの「橘街道プロジェクト」の賛同者となって頂いた岡本理事長のかけ声の下、菓子工業組合の会合で、「橘街道プロジェクト」の第一声を広島菓子博で上げようということになりました。

そこで、早速、榎田さんに全国菓子工業組合のブースで上映する田道間守に因んだ日本

御城之口餅

橘のしずく

の菓子の歴史についてのビデオと、兵庫県菓子工業組合のブースで上映する「橘街道プロジェクト」に関するビデオを、近畿経済産業局が予算を割いて作成して頂きました。

この話を広島菓子博の実行委員会事務総長に広島まで出向いて説明したところ、事務局としての御理解と御協力を快諾頂き、数十万人から百万人規模での来場が見込まれる第26回全国菓子大博覧会において、いよいよ、「橘街道プロジェクト」がお披露目されることになりました。

「橘街道プロジェクト」の具体的内容

これまで述べたとおり、「橘街道プロジェクト」は、日本の菓子文化の発祥である橘の実に関する「ストーリー」を始めとして、関西を中心とした世界に誇るべき我が国の「食文化」にあらためてスポットを当て、国内及び国際的に広く広報し、その素晴らしさを普及させることがその核心となる取り組みです。

さらには、これらをプラットフォームとして、農業、観光関連産業、コンテンツ産業など様々な産業や活動とタイアップして地域経済全体を盛り上げていこうとする取り組みでもあります。

お菓子そのものに関する取り組みの一つとしては、橘の実をモチーフにした菓子のプロモーションをしたり、新たに地域ごとの菓子を創作するなどの活動を通じて、関西のみならず日本中で多くの人々が「橘の実フレーバー」とその由来を知っている状態を創出することが考えられます。

先述のとおり、兵庫県の出石町では、「橘のしずく」が既に人気を博していますし、奈良の大和郡山では、「御城之口餅」（おしろのくちもち）で有名な菊屋の菊岡さんによる橘味の和菓子の試作も進んでいます。今後、橘味の「ポッキー」などもできるかも知れません。

また、奈良の大和郡山市では、平城京から藤原京に至る「中ツ道」を橘街道と呼んでいたことに因んで、実際に発掘された橘街道の両側に1000本の橘の植樹を実施して「橘の香りが溢れる道」を作ろうという運動も、菊岡さんを始め、なら橘プロジェクト推進協議会会長の城さんや尼ヶ辻フィールド代表の久保田さんらの農家の皆さんなど地元の方々が中心となってスタートしています。

また、このような田道間守と橘の実のブームを起こしつつ、観光地を抱える自治体を始め、鉄道・船・航空機・道の駅等の交通関連事業、飲食業・旅館等の観光関連産業などとともに「橘街道」、すなわち別名「関西スイーツロード」そのものをプロモートし、「ドイツロマンチック街道」を凌ぐ観光コースとして世界中からのインバウンドの拡大に資することも重要です。

橘街道手形

橘街道のロゴ

ちなみに、一説によると、このドイツロマンチック街道は、ドイツ観光局の日本事務所が開設された際に、ドイツ人の初代事務所長が日本人をドイツに呼び込むために、南ドイツの小都市を結ぶ道を「ローマに続く道」という意味の「ロマンチック街道」と名付けて観光コースとして売り出したのが始まりだそうです。これに日本人が飛びついて大挙して訪れたことから、今や世界的な観光コースになっています。このように、「言ったもん勝ち」ですので、「関西スイーツロード」という位置付けで、この「橘街道プロジェクト」を世界的な観光コースを生むプロジェクトとしても進めていきたいと考えているわけです。

なお、英語の辞書で見ると「スイーツ」には、「愉快」という意味もあるので、「関西スイーツロードプロジェクト」は、中国語風に訳すと「関西愉快街道計画」になるかも知れません。旅してみて、美味しく、楽しく、嬉しく、そして勉強になる「大粒（ＯＴＵＢ）の感動」が発信できる「愉快街道」の形成が隠し味です。

その際、例えば、橘街道手形をお菓子のおまけとして配布し、当該手形を見せると橘街道プロジェクト参加企業や参加店舗、交通機関などにより様々な特別なサービスが受けられる等のサービス産業のプラットフォームを形成し、菓子関係者、（菓子関係者以外の観光・商業サービス関連事業者等の）橘街道プロジェクト賛同企業、消費者（旅行者）の何れにも裨《ひ》益《えき》する仕組みを提供するというのも一案です。

この橘街道手形は、グリコのおまけかも知れませんし、ノーベルの飴の袋に印刷された橘街道のロゴマークでも良いかも知れません。これらのおまけや袋を水戸黄門の印籠のようにかざすと、お寿司屋さんで裏メニューのとっておきのネタが出てくるとか、居酒屋では秘蔵の特別美味しい酒がふるまわれるとか、劇場では予約の順番が先になったり良い席がもらえるとかなどの特典があれば、お菓子も売れるし、飲食店や劇場にはおまけや菓子袋を持って客が次々と来るし、客は思わぬ特典がついて喜ぶといった皆が得するＷｉｎ・

Ｗｉｎ関係が構築できるでしょう。こうしたプラットフォームを形成することが「橘街道プロジェクト」の内容の一つです。

ここで、プラットフォームの具体例として、神戸パールパスポートについてご紹介しましょう。

＜参考＞「神戸パールパスポート」活動

神戸は国内の真珠取引の８割以上を占める真珠の街ですが、真珠の需要拡大のためには、真珠を使うシーンを作り出す必要があります。そこで、真珠を身につけて神戸の街を歩くと、様々な特典がある仕組みが創られました。すなわち、ＱＲコード【１２９頁図参照】を携帯電話のカメラ機能で読み込み、パールパスポート画面をダウンロードして画面メモしておけば、神戸に真珠を身につけて訪れ、このパールパスポートを参加店舗に示した消費者が割引サービスや通常受けられない特殊なサービスなどを受けられます。これが、パールパスポートという取り組みです。

真珠をプラットフォームとして、多くの参加店がサービスを提供することにより、真珠業界と参加店舗の両方がメリットを得る上に、消費者も特別なサービスを受けて喜ぶという、三者の間でのＷｉｎ‐Ｗｉｎ関係を生み出す仕掛けです。

是非、皆さんもこのパールパスポートを携帯電話にダウンロードし、男性も女性もおしゃれにパールを身につけて神戸に出かけ、ショップ、レストラン、ホテルなどで特別なサービスを楽しんで下さい。

なお、「橘街道プロジェクト」は、「攻めの農業」を実現する出口戦略として機能することも期待しています。

例えば、先述のとおり、和歌山県有田市のみかん農園の的場さんと和歌山市のパティシエの三鬼さんのタイアップ【１２９頁図参照】は、農産物のみかんがスイーツとして消費者に直接届けられるという意味で、農業の高付加価値化の典型と言えるでしょう。ル・パティシエ・ミキでは、「的場農園のみかんで作ったケーキ」と銘打って大人気の「みかんの紀婦人」が販売されており、ＴＰＰに伴う農家の不安とは無関係に国産みかんの高付加価値市場を生み出しています。今後、こうしたタイアップ事業が、こんなに美味しいみかんがどうやって作られるのかを世界中の人が見に来て味わう農業観光にもつながることが期待されます。

ちなみに、パティシエの三鬼さんは、いつか農園の中にスイーツ・ファクトリーを作るのが夢であると話されていますが、これがみかん農園観光の柱になるかも知れません。

また、比叡ゆばのメーカー「ゆば八」では、健康食品としてのゆばの原料を「近江大豆」（滋賀県産）という国産大豆に限定しており、日本の大豆需要の9割以上が輸入品で満たされているという状況の中で、やはりTPPとは無関係に国内農業産品を高付加価値化する役割も担っておられます。

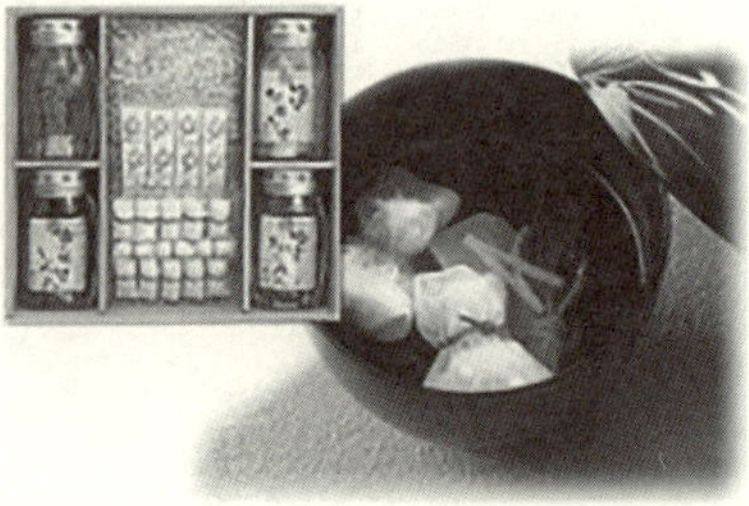

「ゆば八」の製品

さらに、ホテルと農業の連携事例として、兵庫県・淡路島の最南端に位置し、大変おしゃれで素敵な「滞在型リゾートホテル」として有名な「ホテルアナガ」（南あわじ市）【129頁図参照】の総支配人で総料理長の中野さんは、淡路たまねぎやハーブや鳴門オレンジといった地元淡路島の特産品をふんだんに使ったとても美味しくてヘルシーな料理やスイーツを提供されています。【写真15、16】

このように、香川選手や長友選手のような日本のサッカー選手が個別補助金を受けるのではなく「Jリーグという活躍

【写真16】ハーブ畑で、フェンネルの香りを確かめる。かごを持って摘んで歩いたハーブや野草を、すぐにホテルに持ち帰り、フレッシュな香りそのままに、ゲストに提供することも
（※上記写真2点、キャプション出典：週刊ホテルレストラン2011年12月23日号（株式会社 オータパブリケイションズ刊））

【写真15】大玉で甘味の強い淡路島玉ねぎは、ホテルアナガには欠かせない食材の一つ

の舞台」を用意されたことによって世界レベルになっていったように、日本の農業にとっての「活躍の場」を広げていくことにも「橘街道プロジェクト」が役立てば良いと考えているところです。

さらに、先ほどのＷｉｎ－Ｗｉｎ関係を生むプラットフォームの形成に加えて、「橘街道プロジェクト」への参加業界同士のリンクの一例として、真珠業界と日本酒業界のタイアップも始まっています。すなわち、稲穂の先っぽに米粒に見立てた小さな真珠をあしらったデザインの日本酒ソムリエバッジを作成し、利き酒師やソムリエに身に付けてもらうとともに、その廉価版レプリカを酒造見学コースのショップにおいて、見学の思い出に買ってもらうという案です。まさしく「思い出を売る」タイアップです。

「橘街道プロジェクト」の今後の進め方

2013年4月19日から5月12日にかけて広島で開催された第26回全国大菓子博覧会（ひろしま菓子博2013）では、先述のとおり、榎田さんを中心とするアースボイスの皆さんの協力で作成したビデオを上映することなどにより、全国菓子工業組合のブースでは田道間守と橘の関係を始めとしたお菓子の歴史を伝え、近畿ブロックや兵庫県の菓子工業組合のブースでは、「橘街道プロジェクト」のアピールをすることになりました。およそ100万人近い多くの人々が集うこの菓子博覧会でのプロモーションは、「橘街道プロジェクト」の推進にとって大きなきっかけとなったと考えます。

また、同時期に開催された2013食博in大阪では、インテックス大阪の会場におよそ65万人が訪れましたが、この会場内でもお菓子の歴史を紹介するビデオを上映しました。

近畿地域での行政機関の間での取り組みとしては、前回の全国大菓子博覧会（「姫路菓子博2008」）の主催県の兵庫県、洋菓子のメッカの神戸市、中嶋神社があり大規模な菓子祭りが行われる豊岡市、大和郡山市や明日香村などの橘由来の歴史が数多く存在する奈良県、柑橘類を始めフルーツ産業を抱える和歌山県、全国菓子工業組合理事長会社の駿河屋

地域の活性化プロジェクトや行事との連携、展開
（例）
福知山うまいもの展や豊岡市の菓子祭等との連携
道の駅や空港、JR、私鉄（京阪、阪急、阪神、近鉄、南海等）との連携で観光客が回遊
（例）
「橘街道手形」による観光客の回遊促進
外食産業や清酒メーカーへの展開
（例）
日本酒、寿司などの世界に誇るべき日本の食文化とのタイアップ
大関
お食事・ご宴会
がんこ
「世界洋菓子大会in神戸」（計画中）との連携
橘のしずく（パティスリーアッシュカトウ）
フルーツフル・ロール（エーデルワイス）
◆農業とスイーツの連携
（例）
的場農園とルパティシエミキとの連携等
ゴーフル（神戸風月堂）
神戸真珠との連携
（例）
神戸パールパスポートとの相互乗り入れ
Pearl Passport
パールパスポート
田道間守の伝承と菓子文化のストーリーの多方面への展開
◆健康食品等と地元農業との連携による日本の食文化の特徴の発信
（例）滋賀県の比叡ゆばとの連携
練羊羹（駿河屋）
ポッキー（江崎グリコ）
お城の口餅（本家菊屋）
文化産業、クリエイティブ産業への展開による情報発信、ムーブメント作り
（例）
田道間守物語の舞台芸術や映画制作等への展開、情報発信
◆農業と観光産業の連携
（例）
ホテルアナガと淡路島の農産品の連携
橘街道
キャラクターグッズ等の制作によるものづくり産業への展開
（例）
田道間守のキャラクター展開等
外国人観光客など旅行者が様々なサービスを受けるための仕組みの構築
（例）
例えば、グリコのおまけで「橘街道手形」など！？
手形
橘街道
なら橘プロジェクト等の地域の活動との連携

連携と展開

を始め和菓子の古い歴史を有する大阪府、スイーツの町として盛り上がる福知山市、食文化などの歴史の宝庫の京都府などの自治体に加え、関西広域連合とも協力して「橘街道プロジェクト」を展開することにしています。

また、近畿農政局、近畿運輸局といった国の出先機関との間でもタイアップを進めており、まさにオールジャパンでのバックアップ体制を整えています。

さらに、地域を越えた取り組みとして、中国・四国地域における「しまなみ海道」や瀬戸内海クルーズなどともタイアップできるように、中国経済産業局や湯崎知事を始めとする広島県関係者にも「橘街道プロジェクト」とこれらの中国・四国地域の観光・経済振興策との連携も提案しています。

これにより、関空に降り立った外国人が大阪・京都を通って東京方面に行き、成田空港から帰国していくといういわゆる「黄金コース」に加えて、近畿全域や中国・四国地方も含めた西日本全域でのインバウンド拡大につながることを期待しているところです。

今後、京阪神の製菓学校とも連携し、有名パティシエにも橘街道プロジェクトへの支援やコミットメントを慫慂《しょうよう》していくことも重要です。

エーデルワイスの比屋根会長が提唱されている神戸世界洋菓子大会の開催といった大規

模イベント【129頁図参照】との連携も生み出していく必要があります。

田道間守キャラクターグッズ

歌劇☆ビジュー

さらに、「田道間守キャラクターグッズ」やパティシエ修行に励む若者向け「田道間守のお守り」なども制作して広くブームを起こすことができれば、デザイナーやクリエイターを始めとするコンテンツ産業関係者やものづくり産業にもコミットメントの機会が生まれるでしょう。

また、「橘街道プロジェクト」参加企業の商品・サービスの購入者への優先サービスや優先販売など、参加企業間でのＷｉｎ-Ｗｉｎ関係を生んでいくプラットフォームの形成と拡大が重要です。

加えて、「田道間守物語」の映画制作や神戸の歌劇☆ビジュー等の歌劇団による舞台芸術を通じた「橘街道プロジェクト」のプロモーションは、コンテンツ産業振興と「橘街道プロジェクト」のプラットフォーム作りの二つの効果を同時に生むまさに一石二鳥となる発信手法であると言えます。

こうした具体的な活動の運営主体またはその準備主体となる実行委員会を国、自治体、関連業界の有志等により組織し、協賛企業の協力に加えて国や自治体などの施策も活用しながら、「橘街道プロジェクト」プラットフォームの形成・拡大・充実を図ることが必要です。

なお、こうした体制整備や、クールジャパン戦略との連携といった今後の更なる展開については、引き続き、機会を見つけて発信していきたいと考えています。

おわりに

以上、「橘街道プロジェクト」の趣旨や経緯、今後の展開などに関して、一般財団法人経済産業調査会の「リーチかんさい」(発行:一般財団法人経済産業調査会)の2013年3月号から5月号までの3回にわたって連載した文章をまとめてみましたが、お読み頂いた読者の皆さんに心から感謝申し上げます。

今後、この「橘街道プロジェクト」の展開に向けて様々な取り組みを付加していきたいと考えていますし、また、是非多くの方々に御賛同を頂き、力を合わせてこのプロジェクトを盛り上げていくことができればと考えています。

加えて、本プロジェクトは、これから多くの皆さんのお知恵を集めて成長していくプロジェクトでもあり、本稿を読まれた方々から、是非、様々なアドバイスや御意見を頂ければ幸いです。

なお、本稿を通じて述べたとおり、この「橘街道プロジェクト」の究極の目的は、国や自治体などの行政の関係者も、企業や事業者の皆さんも、新たな価値を生み市場を創造していくことに自らコミットするという姿勢や取り組みを慫慂《しょうよう》することでした。

日本経済が「鬼に金棒」の状態となって発展していくために、行政には、供給者サイドへの直接の支援（「鬼」づくり）に偏りがちな施策から、出口戦略（市場創出や生産者・供給者の活躍の場作りのための戦略）を需給両面の民間セクターと一緒になって考え、その実現にコミットしていくという取り組み（「金棒」づくり）にも乗り出す姿勢を期待したいと思います。

補助金などの直接支援のメニューだけを用意する行政スタイルは、引き続き一定の役割は果たしつつも、行財政改革の流れも考えれば、いつしかその位置づけは過去のものとなるでしょう。

そして民間セクターには、行政や関連する分野の事業者も巻き込んだ戦略的な取り組みを意識しながら、これを個々の経営に活かすことによって、その効果や意義を実感し実現して頂くことを期待したいと思います。

最後に、「橘街道プロジェクト」に御理解と御協力を頂いている全ての皆様と、本稿を書き始めるきっかけを与えて下さり業務の関係で筆が鈍りがちな筆者に粘り強く督促を続けて下さった財団法人・経済産業調査会近畿本部の西山芳郎　前近畿本部長、及び同財団の関係者の皆さん、そして、本プロジェクトの推進に中心となって尽力してもらっている（た）近畿経済産業局企画課の志賀（前）課長、高瀬課長、谷原補佐、八田係長、梶山係員、また、資料集めやアポ取りなど様々にサポートしてもらっている（た）総務企画部長　前秘書の伊藤純子さんと現　秘書の荒木有美子さんに深甚なる謝意を表しまして、ここに擱筆することと致します。

・・・・・・・・・・・・・・・・・・・・・・・・・・・・

以上、一般財団法人経済産業調査会近畿本部の「橘街道プロジェクト」資料より引用し、一部改訂。www.chosakai-kinki.jp/monthly/rieti/etc/tachibanakaidou.pdf

「橘街道プロジェクト」を地域振興あるいは地方創生の取り組み事例としてご紹介しま

したが、いかがでしたか？

この橘街道プロジェクトは、現在も様々な形で進化を続けています。

政府レベルでは、平成26年5月29日に内閣総理大臣官邸で開催された「地域活性化の推進に関する関係閣僚会議」において、橘街道プロジェクトが詳しく紹介され、広域地域資源活用型の地域活性化モデルケースとして選定されたのをはじめ、経済産業省の「クールジャパンの芽」事業などにも選定されて、現在に至っています。

NPO法人中山間地域まちづくり研究所理事の伊勢田さんは、これらの「橘街道プロジェクト」関連事業の一環として、「お菓子と健康」をテーマに大手前大学副学長の松井教授のご指導も受けながら、中嶋神社を擁する兵庫県豊岡市の活性化にも取り組んでおられ、豊岡市、中嶋神社氏子組合、地元菓子業界が三位一体の地域おこしの事業が実現しつつあります。

橘街道プロジェクトを紹介する動画もぜひ見て頂きたいところです。そもそも橘はどうして日本にもたらされたのかなどを90秒で見事に紹介しているビデオをはじめ、歴史や文化を学ぶきっかけにもなります。

ぜひ「橘街道プロジェクト」でネット検索してみてください。

現在、奈良県では、なら橘プロジェクトが進んでおり、たちばなネットというＳＮＳも立ち上がるなど、盛り上がりをみせています。

また、前出の廣田さんは、橘に縁のある静岡県沼津市戸田の皆さんや三重県鳥羽市商工会議所などと連携して、「橘サミット」の実現に向けて尽力されています。

これらの動きとも連動しながら、今後、この橘街道プロジェクトへの参加者が拡大してきた際には、社団法人化して、大きな動きにつながることも期待しているところです。

本書を読まれた皆さんの中でも、橘街道プロジェクトに関心を持たれた方は、法人、個人を問わず、ぜひ参加いただけると嬉しいです。

橘街道プロジェクトは、プラットフォームなので、駅のプラットフォームに老若男女、ビジネス・遊び、行先を問わずだれでも入れるように、どなたでも参加できます。

そのルールはただ一つ、駅のプラットフォームと同様に、「ただのりはダメよ」です。自分だけが得するというのはルール違反で、参加者同士でＷｉｎ‐Ｗｉｎ関係を構築し、このプラットフォームの価値が高まるような知恵やビジネスモデルを持って参加して下さい。

第3部　地方創生と我が国発展の未来像

1．地方創生に取り組むに当たって　～戦略と戦術と方法論

(1) 観光・ツーリズムの持つ意味　～戦略的視点の重要性

地域振興に重要な役割を果たす産業の一つが観光関連産業です。

観光といえば、物見遊山というイメージがありますが、こうした単なるサイトシーイングだけではなく、地域を超えて人が移動し交流するツーリズムという概念が定着しつつあります。

このツーリズムという考え方は、狭い意味での観光の概念を超えて、地方創生の観点からも様々な広がりを生み出します。

前述の「橘街道プロジェクト」の中で触れたとおり、オーランドでみた仕掛けは、その一つでしょう。

いずれにしても、交流を通じて、来訪者の心に思い出や様々な感動を残すことにより、その地方や都市の魅力を発信し、ファンを生み出すことこそ、大戦略なのかも知れません。

来訪者が感動を覚え、その地方を通じてその国ファンになれば、リピーターや新たなファンの獲得につながり、こうしたファンの拡大再生産は、必ず文化の発信をはじめ、財やサービスの輸出といった経済効果を生み出すことにつながるのみならず、「大好きなあの国に向かって鉄砲を撃ちたくない」と思ってもらえれば、安全保障にまでつながるのです。

大げさだと思われるかもしれませんが、歴史や文化を通じた交流が人の命を救った例として、トルコ航空機による日本人の救出の話はあまりに有名です。

今から100年前の1890(明治13)年、トルコの軍艦エルトゥールル号が、和歌山の沖で座礁・沈没しました。このとき、和歌山県串本町の人々が力を合わせて生存者の救出に当たり、当時、トルコと日本で大きなニュースになりました。そして、その100年後の1980年から始まったイラン・イラク戦争のさなか、1985年3月にイラク軍の爆撃を受けるテヘランから日本人を救出してくれたのがトルコ航空機でした。トルコの人々は、約100年も前の日本に対する恩を忘れていませんでした。100年の時空を超えて命を守ったのは、日本人とトルコ人の間の友情だったのです。

（この経緯は、日本・トルコ友好125周年を記念して2015年に映画化され、日本・トルコ合作映画「海難1890」として公開されています。ぜひDVD等でご覧下さい。「海難1890」HP　http://www.kainan1890.jp/intro/　この予告映像を見ただけでも涙があふれてきます）

私は、経済産業省の中東アフリカ室長をしていた際、小泉総理大臣の随行員として日本政府専用機でトルコのイスタンブールや首都アンカラを訪れました。

そのとき、小泉総理の強い要望で、既に退役されていたそのトルコ航空機の機長と小泉総理が会談が行われたのですが、その現場に居合わせた私は、驚くべき光景を目にしました。

小泉総理が、現れた元機長をいきなり抱きしめ、「ありがとう！」と叫ばれたのです。

さて、その翌日の現地トルコ新聞は、第1面の3分の2を占める巨大な写真を載せてその模様を報道したのです。日本の総理大臣がはるばるトルコまでやってきて、トルコ航空の元機長を抱きしめて感謝したことが、トルコの人々の琴線に触れたのでしょう。

私は、経済産業省の航空機武器課というところで爆弾や戦車やミサイルといった武器弾薬を製造する防衛産業を担当したこともあり、当時は日々防衛庁（当時：現防衛省）に出向いて内局や陸・海・空の幕僚監部の方々と日本の防衛政策の話をしていましたし、中東アフリカ室長としてテロが頻発する中東地域や内戦の傷跡が残るアフリカ諸国を自らの足で歩きまわってきましたので、ハードパワーのぶつかり合いという現実にも触れ、日本を守るためにはその必要性も十分わかっています。

しかし、一方で、ハードパワーだけでは国を守れないことも事実です。日本のファンを一人でも多く生み出すソフトパワーも国を守るためには不可欠です。

また、別の観点から、観光産業の目的や戦略について考えてみます。

私は、兵庫県の産業労働部長をしていた際に、観光ツーリズム推進本部事務総長を兼務していたのですが、その観光ツーリズム推進本部で兵庫県の観光戦略を議論していた際のことでした。

委員をされていた城崎温泉の老舗旅館西村屋の西村社長が、私が投げかけた「西村さんにとって観光とは何ですか」という問いに対して、しばらく「うーん」と唸ってから、「私にとって観光とは、生き様を見せることです」とおっしゃいました。

今度は、私が唸りました。「生き様を見せる」とは、何という鬼気迫る回答でしょうか。このとき、観光ツーリズムの本質を垣間見た気がしました。

人を迎え、感動したり喜んだりしてもらうためには、迎える側がそれに値するべくいかに自らを磨く努力を惜しまないかが重要だということを「生き様を見せる」と表現されたように感じたのです。

観光という言葉からは、ホテル・レストラン・土産物屋の売り上げ拡大などといった「地元に金が落ちる」経済効果をすぐに連想しがちで、もちろん、こうした点も大事なのですが、実は、観光こそ自分磨きのチャンスに他ならないわけです。

変な例えですが、自宅にお客さんを招く時、居間を片づけたりトイレを掃除しておいたりしますよね。散らかった居間は恥ずかしいですし、トイレが汚れていたらお客さんに不快な思いをさせてしまいますから。

でも、よく考えると、片付いて心地の良い居間やきれいなトイレは、自分が暮らすのにも良いことであり、まさに「情けは人のためならず」で自分のためでもあるわけです。

このように、観光ひとつをとっても、単なる金儲けの手段ととらえるか、様々な経済波及効果のみならずファン作りを通じた安全保障にも資するもので、かつ、「自分磨きのチャンス」となるものととらえるかで、モチベーションも大きく変わるでしょうし、その戦略目的を実現するための戦術や方法論を変えてしまう可能性も大きいでしょう。

地域振興の有力な手段の一つとして期待される観光ツーリズムに関しても、「何をするか」という「戦術」や「どうやるか」という「方法論」の前に「何故、何のために」という「戦略」の観点から全体を捉えることが重要であり、上記のような奥深い意義や究極の目的に対する効果を念頭に置き、その実現のために最も効率的かつ効果的な方策や手段を検討し、実施していくことが大切ではないかと考えます。

(2) 仕掛けの重要性　~戦術のブラッシュアップ

「橘街道プロジェクト」のところに書いておきましたが、日本の文化や技術などのソフトパワーを活かして世界に日本ファンの拡大を図るという戦略を実践していくには、戦術としての「仕掛け」が必要です。

その一つが、プラットフォームの形成です。

「橘街道プロジェクト」は、ヴァーチャルなプラットフォーム上で、様々な事業者同士が智恵を出し合って連携し、Ｗｉｎ‐Ｗｉｎ関係を構築して財やサービスの提供を行い、さらにその消費者との間でもＷｉｎ‐Ｗｉｎ関係となる事業の創出・実践をめざすものです。

一方で、プラットフォームとしても、リアルな世界でのプラットフォームもあり得ると考えます。その典型例が、ディズニーランドやハウステンボスのようなテーマパークです。

（3）時系列を意識した取り組み　～戦術の展開

当面行うべき事柄は何か、次の一手に向けた布石としてやっておくべきことは何かという時系列を意識した取り組みも「何をするか（WHAT）」を考える際に重要です。

例えば、テーマパークを作るにしても、まだ形もない段階から、いきなり世界中に展開するのは無理があるでしょう。

まずは、インバウンドや国内向けの施設を作り、そこで実験や実践を繰り返してノウハウを蓄積し、キャストや物販、運営管理など様々なレイヤーの人材を育成しながら、事業としても成功の目処をつけてから、いよいよ海外展開していくといった、時系列を踏まえた事業展開をしていくことが必要です。

この際、インバウンドで来訪する人たちの出身国や出身地、行動パターン、購買行動、SNSでの発信内容など、様々なデータを分析し、ターゲットと打ち込んだコンテンツのヒット状況を時々刻々詳細に把握するなど、データドリブンな時系列分析により、効率的かつ効果的な次の一手を打つことが重要です。

（4）マーケットインかプロダクトアウトか　〜方法論の視点

通常、マーケティングの基本として、市場調査を行い、売れ筋のものを市場に投入していく手法がオーソドックスな方法です。

一方で、ソニーのアイボは、電子ペットという全く市場のないところに、技術シーズ先行で需要を作り出しました。このように、供給サイドから需要を創出していくのもマーケッティングの重要な手法の一つです。

これらをマーケットインかプロダクトアウトかという分類で呼ぶこともありますが、もちろん、この二つの組み合わせもあり得るわけです。

「消費者は自分の求めているものが分かっていない」というマーケティング関係者の言葉もありますが、「潜在的な需要」が無ければ、プロダクトアウトで市場創出をしようとしても失敗に終わります。

すなわち、ＩＴの世界では当然のことですが、需要サイドですら気づいていない課題を見つけ出し、その課題の奥にある本質的な問題点にソリューションをいかに提供できるかが勝負なのです。

「100円のコーラを1000円で売る方法」という本がベストセラーになり、読まれた方も多いのではないかと思いますが、ここでいう課題の奥にある本質的な問題点こそが、「潜在的な需要」であり、それへのソリューションの提供こそがヒットを生むのでしょう。

2. インバウンドと仕掛け

(1) インバウンドのインパクト

最近、中国人訪日観光客による「爆買い」の動向がしばしば話題になりますが、この例のようにインバウンドが地方の経済に大きな影響を与えることは言うまでもありません。

一方で、インバウンドは、こうした直接的な経済効果にとどまらない大きなインパクトを地方のみならず我が国に与えています。

その一例が、世界一の観光都市と言われる京都で実際に繰り広げられているある光景です。ご存知のとおり、京都は神社仏閣が有力な観光スポットなのですが、そこを案内していたバスガイドさんが、「京都は1000年もの歴史のある都で」と紹介したとたんに、訪日観光客の中国人から「何だ、たったの1000年か。中国は4000年の歴史の都がたくさんあるのに、日本はたいしたことがないな。つまらない」と馬鹿にしたようなブーイングがおこりました。しかし、そのガイドさんが、めげずに続けて「このお寺は中国の唐の様式の寺です」と紹介した途端、中国人観光客たちが争うようにバスから出ていき、集合時間になってもなかなか戻って来ないので、一体どうしたのかと訝《いぶか》しんでいたら、全員、必死になって写真を撮っていたのだそうです。

さっきまで日本を馬鹿にしていたのに、どういうことなのでしょうか？

これは、中国の歴史と大きな関係のある話なのです。

中国では、夏、殷、周、秦、漢、新、漢（後漢）、三国、晋、南北朝、隋、唐、宋、元、明、清と王朝が変遷してきましたが、最後の王朝は清王朝で、これは漢民族ではなく、辮髪や纏足などの特有の文化を有する満州族の建てた王朝でした。その二代前の元はモンゴル族でしたし、必ずしも漢文化が引き継がれてきたわけではありません。

それどころか、易姓革命という考え方により、前王朝が不道徳で悪政を行ったために打ち滅ぼして新たな王朝を建てたという歴代王朝の「正当性」を主張するあまり、元や清のような「異民族」支配の時代に、漢民族の文化が徹底的に破壊されたと言われています。

そして、こうした漢民族文化の破壊のとどめを刺したのが、毛沢東による文化大革命だったのです。

このように、漢民族の文化が本国で破壊され尽くしている一方で、日本でその漢文化が見事に保存されているのを目の当たりにした中国の人たちは、感動してカメラのシャッターを押し続けたというわけなのです。

さっきまで日本を馬鹿にしていた中国人が、「日本はすばらしい！」と絶賛して帰っていく姿を唖然として見送ったバスガイドさんには、よく気を取り直して解説してくれたと感謝したい思いです。

日本を馬鹿にする中国人が増えるのと、日本を敬愛する中国人が増えるのとでは、日本の商品やサービスが売れるという経済的効果だけでなく、日本と中国の友好関係、さらには、安全保障にも影響を与えることになるでしょう。ここに、観光の奥深さや大きな力と、ある意味の恐ろしさがあることを見落としてはならないでしょう。

（2）試論「日本アニメランド（NAL）構想」

例えば、サブカルチャーの代表選手で世界的に人気の高いアニメ。日本のアニメファンを拡大再生産してく仕掛けとして、兵庫県の淡路島に東京ディズニーランド（ＴＤＬ）やユニバーサルスタジオ・ジャパン（ＵＳＪ）のような大規模集客施設「日本アニメランド（ＮＡＬ）」を建設する構想が検討されています。

ここでは、ＮＡＬ構想の狙いや具体策を述べ、今後の地方創生に向けた様々な取り組みへのヒントを提供してみたいと思います。

・・・・・・・・・・・・・・・・・・・・・・・・・・・・・・・・・・・・

日本アニメランド（ＮＡＬ）構想について

趣旨

「仕掛けのない日本」からの脱却

我が国のコンテンツ、技術、文化（食文化を含む）の国際展開の拠点

我が国の漫画やアニメなどのコンテンツは、さらに映画やゲームなど様々なコンテンツとなり、今や世界的人気を博しています。

その一方で、こうしたコンテンツが永続的に展示さる場所がなかったり、そのコンテンツを利用し、拡大再生産していくビジネスの展開が十分でなかったりするのが残念なところです。

そこで、日本の国生み伝説の地である兵庫県の淡路島に、アニメをはじめとするコンテンツをテーマにしたテーマパークを作り、我が国の文化の発信基地としようという構想が日本アニメランド（NAL）構想です。

こうしたコンテンツ利用ビジネスの世界的成功例は、言うまでもなくディズニーランドです。次々と映画やキャラクターを製作して市場に投入するのみならず、こうしたコンテンツをテーマパークに展開し、これらの仮想的（バーチャル）な登場人物や物語を現実（リアル）に実体験できる場所を提供することにより、そのテーマパークで収益を上げるのみならず、コンテンツの人気をますます高め、永続的に定着させるという好循環を生んでい

ます。

皆さん御存知のミッキーマウスは、何と1928年に初登場していますが、90年後の今でも色褪せず人気を博しています。もし、ミッキーマウスが映画などの作品の中だけのキャラクターで、ディズニーランドに現れるという仕掛けがなかったら、果たして今の人気が続いていたでしょうか？

まさに、バーチャルとリアルの融合の成果の典型例ではないでしょうか？では、日本の漫画や映画のキャラクターで90年、100年と世界的人気を博し続けているものや今後そうなると予想されうるものがあるでしょうか？

現在人気のある日本のアニメのキャラクターでも、ミッキーマウスのようにあと100年人気が続くものがあるでしょうか？

もちろん、現在世界的に人気があり、そうした潜在的実力を有すると思われるキャラクターは、鉄腕アトムやドラえもんをはじめとして、たくさんありそうですが、極めて残念ながら日本には、ディズニーランドのようなバーチャルとリアルを融合させて好循環を生む「仕掛け」がありません。

これを「宝の持ち腐れ」と呼ばすに何と言えば良いのでしょうか？

今、売れているから、儲かっているから、10年先、50年先はどうでも良いのでしょうか？

私は、千葉県に住んでいますし、家内や子供たちがディズニーランドに頻繁に行くので、たまに一緒に出かけたりしますし、大阪のユニバーサルスタジオジャパンにも行ってみたりするにつけ、米国の文化力を感じるとともに、何故せっせとお金を米国に貢ぐばかりが日本の得意技なのかと残念に思わざるをえません。日本にも宝はあるのですから、これを磨いて発信し、世界からお金を集める仕掛けを作らないのはどうしてなのでしょうか？

こうした悔しい気持ちから発想したのがまさに日本のアニメを世界に発信する基地となる日本アニメランド（NAL）構想なのです。

さらに、単にアニメだけを発信するのではなく、日本の最先端技術や洗練された食文化など、日本に技術・文化の発信基地としてもこのNALに期待しています。

もちろん、インバウンドの拡大にも寄与して地元をはじめ、我が国に経済効果をもたらすことも期待しています。

ただし、こうした経済効果を超えて、素晴らしい日本の文化や技術を多くの海外からの来訪者に体験してもらい、一人でも多くの日本ファンを生み出すことができれば、大好きな日本に向かって鉄砲を撃ちたくないと思う人を増やすことになり、我が国の安全保障にも貢献することになるでしょう。すなわち、我が国のソフトパワーの拡大です。

そして、何より、民間企業に対しても行政に対しても、こうした仕掛けやプラットフォームづくりに日本が努力してこなかったことに警鐘を鳴らし、「良いものを作れば売れるはず。それが売れて儲けられたらそれで良い」という職人気質一本やりの対応や、著作権による目の前の儲けだけを追い求めるような一過性のビジネスで終わらせることのもったいなさに気づき、近視眼的や視野狭窄症的な取り組みから長期的戦略的に事業を展開する取り組みに舵を切るきっかけとしても、NALのような構想を提議しているところなのです。

ところで、皆さん、「フリーミアム」という言葉をご存知でしょうか？ これは、フリー（無料）とプレミアム（割増金）の合成語ですが、一部のサービスをタダにしてさらに良いサービスを受けると有料になるというものです。

韓国の女性歌手グループは、インターネットで画像や動画をタダで見放題にすることで、世界的な人気を博し、1円の宣伝費用をかけなくとも、公演チケットが完売するし、海賊版にはない特典付きのCDが飛ぶように売れるというまさにフリーミアムの手法で売り上げを伸ばしています。

一方で、我が国のコンテンツビジネス業界は、「タダで画像や動画を見せては著作権ビジネスとして儲からないからやらない」という目の前の利益に固執するあまり結局大きなマーケットが取れないという韓国とは対照的なビジネス手法が中心です。

この10年で見ても、ＩＴや通信の技術がますます急速に発達し、大量のデータを低コストで送れるようになったことで、複製や転送の過程で劣化しないデジタルデータとしてアニメを始めとするコンテンツがインターネット上で流通するという大きな構造変化が進んでいる中で、インターネット社会になる以前の著作権の考え方に固執していたのでは、まさに時代から取り残されてしまいます。

やや物騒な言い方ですが、「肉を切らせて骨を断つ」というくらいの腹の据わったやり方も必要ではないでしょうか？

日本のアニメ業界も、「小異を捨てて大同につく」という志を持ち、「著作権の収益分配で損をしないように」などという小さな考え方を捨て、「皆が協力して日本のアニメを世界に永続的に売っていく仕掛けを作るのだ。いつまでもハリーポッターやミッキーマウスに金を搾り取られてばかりではないぞ」という気概で、ＮＡＬに参加してもらえることを期待しています。

例えば、ＮＡＬへのアクセス手段として、関空から海上を高速ジェット船で飛ばして来る際に、その船が漫画やアニメで世界的に人気がある「ワンピース」の海賊船のラッピングがされていると楽しいですし、その中に出てくる海賊に扮したスタッフがサービスすると盛り上がるでしょう。

また、淡路島まで神戸の三ノ宮からバスで約30分なのですが、三ノ宮のバスセンターからスタジオジブリの不朽の名作「となりのトトロ」の登場する猫バスの形をしたＮＡＬとの往復バスが発着すると、バスセンター自体が観光名所になるかも知れません。バスの車掌さんがトトロの格好で現れたら人気者になるでしょうし、メイちゃんに似た女の子が乗ってきたら即席の撮影会のような騒ぎになるかも知れません。

そもそもまだ関空や三ノ宮からＮＡＬに到着する前から興奮のるつぼと化した状態でいよいよＮＡＬに到着すると、入場口ではドラえもんがポケットからピカピカ光る謎の電子チップ付き入場パスを出して出迎えてくれて、休憩しようとベンチに座るとキティちゃんも一休みしているとか、ゲームコーナーではポケモンや怪物の格好をした大人や子供がリアルに又はバーチャルに戦っているとか、気分がすぐれず救護室に行ったらお医者さんがブラックジャックだったりとか、考えただけでもワクワクします。

このように、日本の有名作品やキャラクターが一同に会したＮＡＬは、国内のみならず世界中の日本のアニメや漫画のファンにとって気絶しそうなほどの魅力満載の夢のように楽しい場所となるでしょう。

三空港活用を含めた経済の起爆剤

関西では、かつて、関西国際空港、伊丹国際空港、神戸空港の三空港の運用問題が大きな政治経済課題として取り上げられて来ました。

ここではその内容に立ち入ることはしませんが、そもそも、空港にせよ、港にせよ、交通手段のインフラであり、何故、何のために、誰がそのインフラを使うのかが重要です。つまり、利用ニーズがあっての話なのですが、インフラの規模やあり方の是非を議論するのなら、その前提となるニーズを単に予想するだけでなく、ニーズを作り出す努力をするべきでしょう。

米国のフロリダ州オーランドは、かつて何もない湿地帯で、ワニとブヨしかいないような利用価値のないところでした。

ところが、今や、そのオーランドに毎年6兆円を超す金が落ちています。その仕組みは、たった一人の男が作りました。

その男の名前は、ウォールト・ディズニー。

彼はそこにディズニーワールドを作り、ユニバーサルスタジオ、MGMスタジオを誘致し、様々な国の建物や文化を紹介するエプコットセンターを作り、シャチの曲芸が見られる巨大な透明プールを擁する水族館シーワールドを作るなど、次々と大型娯楽施設を建設しました。

さらに、これらを核として、ホテルやゴルフ場、テニスコート、国際会議施設を作りました。

その結果、オーランド国際空港は、世界中から家族連れのみならずビジネスマンも乗せた直行便が飛んでくる全米屈指の空港となっています。

関西でも、「3つ空港があるが、どうやって合理化するか」を議論するのではなく、「3つしか空港がないが、どうやって拡充するか」を議論しなければならないように、ニーズを創り出すことが必要です。

ワニとブヨしかいなかったオーランドでできて、もともと豊かな自然や文化に恵まれた関西にできないはずがありません。

インバウンド（アニメ聖地ハブ）

今や日本のアニメは世界的に人気があり、ヨーロッパ各国やアジアでコスプレ大会なども頻繁に開かれています。

しかしながら、これらのイベントはアドホックに開かれていて、一部を除き、定例化・定着化するには至っていません。

したがって、こうした日本のコンテンツの人気を一過性のものに終わらせることなく、リアルな体験と相まって拡大再生産するため、恒久的な施設としてＮＡＬを作り、アニメをきっかけとしたインバウンドの拠点として整備する構想を推進しています。

加えて、日本のアニメの世界への入り口としてまずはＮＡＬに来て、全体的に日本のアニメの魅力に触れた人は、次に全国各地の特定のアニメ関連施設やアニメの聖地を訪れるといった、ハブ施設としての機能も期待されます。

淡路島（国生みの島）と瀬戸内海（クルージング）～西日本の魅力発信

ＮＡＬの機能の一つとして、関西国際空港に降り立った外国人が船で淡路島に直接入り、淡路島を起点として瀬戸内海クルーズに出掛けるというコースも考えられます。

ご存知の方もおられるかも知れませんが、関空は、淡路島を削った土で埋め立てられた海上空港で、神話の世界ではありますが、国生み伝説にあるように、最初に海の中から日本の国土ができた場所である淡路島の土でできているという意味では、関空も特別な土地であると言えるでしょう。

その関空からは、パールラインという航路がもともと淡路島との間にありましたが、利用客の減少で現在は航行していません。

これを復活させて、海賊船を模した高速船で関空・淡路島を20分で結べば、大阪の渋滞を通ることなくNALを見て、瀬戸内海クルージングに出掛けられるという次第です。

瀬戸内海には、何度も映画化された小説「二十四の瞳」の舞台となった小豆島や「西の日光東照宮」と呼ばれる耕三寺を擁する生口島、海軍兵学校の跡地に海上自衛隊幹部候補生学校がある江田島など、観光や見学で訪れるべき島々がたくさんあります。

もちろん、エーゲ海より美しいとも評される瀬戸内海の自然や、その恵みである山海の食材を使った料理など、豊富な地域資源を活かしたクルージングの楽しみも味わえます。

このように、関空から瀬戸内海クルージングという海のルートを通すことにより西日本へのインバウンドを拡大させるゲートウェイとしても淡路島が期待されますし、その集客のきっかけや入り口となるＮＡＬ構想にも期待が寄せられるところです。

橘街道プロジェクト、しまなみ海道などと連携した広域経済振興

前述の橘街道プロジェクトは、プラットフォームとして関西を中心とする様々な文化やコンテンツの活躍の場を提供することを目的としていましたが、インバウンドの拡大も視野に入れていることから、厳密に地域を限定するものではありません。むしろ、日本の中を幅広く歩き回ってもらう観点からは、例えば、しまなみ海道のような関西以外の地域での取り組みと連携することも視野に入れています。

このように、前述の瀬戸内海クルージングとのリンクと同様に広域の経済振興につながる出発点や拠点としてＮＡＬを位置づけることも予定しています。

関西経済活性化

一方で、やはり関空経由のインバウンド拡大を一義的に狙うとすれば、関西の魅力をまずは全面に出すこととなります。

例えば、地元淡路島特産の淡路たまねぎや淡路牛、鳴門オレンジなどの食材で作った美味しい食事が提供される施設であることは必須でしょう。

また、「リボンの騎士」などのアニメの原作を題材にした歌劇を宝塚歌劇団や神戸の歌劇☆ビジューが上演して、関西に息づく歌劇の文化の紹介も兼ねてバーチャルなアニメ作品をリアルな歌劇という形で見せるのも面白いと思われます。

さらに、淡路島だけでなく兵庫県や関西地域、四国も含めた食文化を集めて、京阪神の洋菓子文化や灘の酒をはじめとする日本酒文化もアニメとリンクさせ、ラベリングしたり特別メニューを作るなどの試みも良いでしょう。

こうした様々な地域の関係者をインボルブすることによって、広く関西経済の活性化につながるものと考えられます。

具体的内容の例

日本のアニメの魅力発信

手塚治虫作品をはじめ、我が国が世界に誇るマンガやアニメの作品をモチーフにしたアトラクションを建設するとともに、こうした作品のキャラクターが出演するショーやパレードを開催。

こうしたイベントを年末年始のカウントダウン、ひな祭りや子供の日、花火などのサマーフェスティバル、ハロウィン等々の季節ごとに内容を変えて実施し、年間で楽しめるソフトを提供。

ペッパー、ヒューマノイド、スケルトニクスなどの体験

ＩＰＡの未踏プロジェクトなど日本の最先端技術に触れる体験型観光を主体とし、アニメだけでなく、日本の技術の発信機能も発揮。

食文化（日本の食材のアピール）**を含めた様々な文化の発信**

地域資源（淡路島のお香、京阪神のスイーツや日本酒、神戸真珠、歌劇等）とアニメ等のコンテンツとの組み合わせ（姫路での２００８年大菓子博覧会では、世界三大美女スウィーツが大ヒットし、連日の売り切れで苦情が殺到するほどの人気に）。

広域観光の拠点化

例えば、関空から船で淡路島に入った観光客（外国人を含む）がＮＡＬを訪れるなどで淡路島に滞在した後、瀬戸内海クルージングに出発したり、しまなみ海道に繰り出すなど、中国地方や四国地方など西日本への回遊の拠点となるよう、ＮＡＬに仕掛けを創設（アニメでの西日本観光の魅力のアピールや、各地方の観光スポットとのポイント集めの共有化等）。

大粒（ＯＴＵＢ）の感動を世界へ

前述の観光の楽しみの要素である、美味しい（Ｏ）、楽しい（Ｔ）、嬉しい（Ｕ）、勉強になった（Ｂ）というコンテンツを揃えて、世界に向けてその感動を発信。

展開

国内

前述のとおり、橘街道プロジェクトとのリンクによる関西の様々な文化との連携に加え、スタンプラリーや共通サービスなどによるＵＳＪをはじめとする他の国内テーマパークとの連携、関西以外の地域との連携（瀬戸内海クルーズ、しまなみ海道等）など、様々な連携体制を構築し、それぞれの事業体との間でＷｉｎ－Ｗｉｎ関係を構築するとともに、インバウンド客をはじめ来訪者にとっての魅力をますます高めることにより、連携事業者及び来訪者との間でのＢ　to　Ｂ　to　Ｃ　のＷｉｎ－Ｗｉｎ－Ｗｉｎ関係を構築することが重要です。

海外

ＮＡＬを淡路島で立ち上げ事業化に成功した後、将来的には、ディズニーランドのように、淡路島のＮＡＬを拠点として、中東、アジア、欧州などにおいて、ＮＡＬドバイ、ＮＡＬシンガポール、ＮＡＬパリといった海外での拠点を展開し、日本のアニメの魅力の世界規模での拡大再生産へと事業を拡大することが必要です。

支援体制

関西の空港事業体や鉄道等の交通インフラ企業との連携

関空、伊丹、神戸の三空港やその運営企業体参加企業や、鉄道、海上交通、バス・タクシー業界などの交通インフラ業界との連携により、インバウンドや日本全国からの集客戦略を構築し、実践することが重要です。

前述のように、三ノ宮からNAL予定地までバスで30分あまりですが、トトロやメイちゃんも乗り込んでくる猫バスが走ると乗客も興奮するでしょう。

関空からの高速ジェット船は、ワンピースの海賊船のラッピング船で、座席にたまに海賊が乗っていると楽しいでしょう。この船は、川崎重工の世界最先端技術を注ぎ込んだ日本の誇る高速船かも知れません。

このように、関空や三ノ宮をはじめとする交通の拠点から淡路島に向けて出発する時点ですでにNALの来訪者は興奮のるつぼにあるような仕掛けが求められます。

関連企業との連携

例えば、倒産寸前のハウステンボスを見事に再生し、活性化させたHISの澤田秀雄氏の指導を仰ぎ、LCCとの連携や、ハウステンボス自体との利用ポイントの共通化などの連携も実現すれば、有力な手段となるでしょう。

また、ソフトバンクの孫正義氏のイニシアティブの下、NALの現地案内役としてのペッパーの導入や、ソフトバンクの情報プラットフォームの活用による知名度向上やイベント告知などに協力を仰ぐことも一案です。

なお、東京ディズニーランド、ＵＳＪなどの既存の有力テーマパークとはライバル関係ではなく、スタンプラリーや共通ポイントや優先入場券など様々な連携事業を通じたＷｉｎ‐Ｗｉｎ関係の構築が求められます。

テーマパーク建設や運営にあっては、川崎重工（高速船建造）、神戸製鋼（鋼材提供）、大林組（施設建設）、三井住友銀行（資金協力）などの大手企業との連携も不可欠です。

政府、自治体等との連携

ＮＡＬは、安倍内閣の成長戦略の重要な要素である地方創生をインバウンドの拡大等も通じて推進する起爆剤となり、ＧＤＰ６００兆円の実現に寄与することが期待されます。

このため、経済産業省とも緊密に調整し、クールジャパン機構からの出資受け入れ等により、アニメ関連業界の大同団結を促進し、官民一体となった事業化を実現することが重要です。

さらに、近畿整備局、近畿運輸局、近畿農政局を始めとする関連政府出先機関とも緊密な協力関係を構築し、関空と淡路島を結ぶ航路であるパールラインの再開（了解済み）や近隣道路整備、国営明石海峡公園との連携、地元農業産品を利用した食品のＮＡＬでの提供の実現など、地元での省庁横断的な連携体制を構築していくことが重要です。

また、何より、兵庫県や淡路島の市町など地元自治体の積極的な関与が期待されます。特に、兵庫県では、井戸敏三知事のリーダーシップの下、県立淡路島公園の使用許可をすでに決めていますし、NAL運営機関への出資についても前向きな検討が進められています。

・・・・・・・・・・・・・・・・・・・・・・・

3．我が国の将来と地域の発展に向けて

(1) 社会課題の解決の必要性とビジネスチャンス　～ITのもたらす価値創造

我が国経済社会が今後とも継続的に発展していくためには、現在直面している様々な社会課題を解決していくことが不可欠です。

そのうち、農業、医療、エネルギー、オープンガバメント、ダイバーシティといった社会課題に対するITソリューションの可能性を独立行政法人情報処理推進機構の社会課題ソリューション研究会で検討したところ、極めて示唆に富む情報が集まり、それをまとめたのが、前著「情報は誰のものか」(海文堂)に収録されている報告書です。

インターネット社会になって情報の流通革命ともいうべき大量かつ高速な情報のやり取りが可能となり、その結果、これまで財やサービスの供給側が独占していた情報が需要側の手にも入るようになってきました。

具体的には、例えば、農業では、かつては農協が肥料や農薬や耕運機などの生産手段の供給や農産物の流通を一元的に押さえていましたが、インターネット社会の進展に伴い、生産手段の調達も農産物の販売もネット経由で簡単に実現できるようになったことからも、農協の農産物流通におけるシェアは50%を下回っています。こうした情報革命が、農業における生産手段や農産物の流通革命も生み出していると言えるでしょう。

TPPでの貿易自由化を巡る今後の農業問題にひとつのソリューションをもたらすのがIT活用であると言えるでしょう。

この他、今後、世界で最も早く進行する我が国の高齢化に伴い、医療・福祉の問題が一層大きな社会課題となりますが、そのソリューションにもＩＴが大きな力を発揮することでしょう。

そのソリューションの一つが、電子カルテの普及です。これまで、カルテは病院や医師が独占していましたが、これからは自分の健康・医療の情報は自分で持てる時代が来ます。電子化されたカルテの情報は、スマートフォンなどの個人の情報機器に保存したり、クラウドに保存したりすることにより、これまでは病院に行かないと見ることができなかったカルテを個人が持つことが可能になるのです。これにより、例えば、大人が自分の小学生の時の血圧を見ることなどが簡単にできるようになります。さらに、クラウドに保存された情報を個人が特定できないようにマスキングしてビッグデータとして活用すれば、これまでは簡単にできなかった大規模な疫学調査も可能になるでしょう。

さらに、最近では「情報薬」と呼ばれる技術もサービスされています。これは、日常の食生活や睡眠や運動の状況をセンサーで集めてクラウドで解析し、スマホの位置情報と連動させ、エスカレータの前に来たらブルブルとスマホが震え、「このエスカレータをやめて階段を使わないとカロリーオーバーで糖尿病になります」と警告を発するといったサービスです。

このように予防医療を中心に、健康・医療といった日本社会が直面する社会課題にＩＴがソリューションを提供し始めており、今後ますます大きな役割を果たすものと考えられます。そしてこうした社会課題へのソリューションの提供は、大きなビジネスチャンスでもあります。

こうした社会課題へのソリューション提示やビジネスチャンスの創出がシリコンバレーでは次々に行われ、ビッグビジネスになっています。タクシー業界にとっての黒船と言われるＵＢＥＲや、訪日観光客の急増で脚光を浴びているAirbnbなどシリコンバレー発の新たな価値創造はとどまるところを知りません。

では、このようなＩＴによる価値創造が何故日本では起こりにくいのでしょうか。その答えの一つは、ＵＢＥＲやAirbnbを例に持ち出したことでもう皆さんお気づきのとおり、我が国の岩盤規制と既得権益でしょう。タクシー業界の反発や旅館業法による規制など、我が国でこうした新たなサービスを生み出し、事業化していくのは容易なことではありません。

これは、行政の硬直性のみならず、民間でも既得権益にしがみつく業界体質が阻害要因となっているのですが、その根本に気質の問題もあると思われます。

シリコンバレーの象徴的な企業であるインテル社の本社にあるインテル博物館の出口には、その創業者の一人であるロバート＝ノイスの写真とともに彼の残した言葉が刻まれたプレートが飾ってあります。

インテル博物館出口にあるロバート・ノイスのパネル

そのタイトルこそ、「OPTIMISM」（楽観主義）です。つまり、「とにかくやってみよう。ダメなら変えればいい」という楽観主義こそ、経済社会の発展の原動力であり、まさにシリコンバレーの雰囲気を象徴しているのです。

この反対が日本人の気質で、基本的に「PESIMISM」（悲観論）で、「これでは失敗するのではないか。やめておこう」という消極的な姿勢が横溢し、インターネット社会になってもＩＴを活用した新たな価値創造が進まない大きな理由の一つになっていると考えられます。

（２）地域社会こそ社会課題解決の現場　〜地域のニーズ・シーズと情報活用

しかし、こうした我が国を覆う悲観論を打ち破らざるを得ないのが、地方が直面する厳しい将来像への対応なのです。

これを逆に考えると、地域社会こそ、農業、医療・健康・福祉、エネルギー、教育、人口減少への対応などの社会課題に直面する現場という立場にあることから、これにソリューションを見出していくべき差し迫ったニーズ、すなわち、ビジネスチャンスの多く存在する場所なのです。

さらに、地域社会には、さまざまな地域資源が存在し、社会課題ソリューションのシーズに溢れているとも言えます。

こうした地域社会の位置づけ、ニーズやシーズの存在をレバレッジとして、インターネットやＩＴといった手段も活用しながら我が国の前途に横たわる社会課題へのソリューションを見出していくことこそが地方創生の大きなミッションの一つであると言えるでしょう。

(3) 未来へ向けて 〜「楽観と悲観」、「未来を予測する方法」、「りんごの木」

未来に向けて、私自身がいつも拠り所としている三つの話をお届けして、本書の締めくくりにしたいと思います。

一つ目は、「楽観と悲観」の話です。これは、「悲観は気分から生まれ、楽観は意志から生まれる」というもので、フランスの哲学者のアランが残した言葉です。

この言葉を聞いたとき、テレビコマーシャルの中での上司と部下の会話の思わず噴き出してしまうシーンを思い出しました。

上司がこう嘆きます。「いやあ、景気が悪いせいで、うちの会社やうちの部の業績が振るわないよな〜」これに対して、部下の女性がこうつぶやきます。「それって、景気のせいじゃなくて部長のせいだと思います」

自戒の念も込めて、うまくいかないときは、自分の努力不足を棚に上げて世の中が悪いと言って逃げたくなるのですが、景気などという気分の問題で悲観的になっていても何も始まらないわけです。現に、景気が悪くても好業績を上げる企業はたくさんあります。

厳しい状況や困難な課題に直面しても何とかなるという楽観は、必ずその局面を打開してみせるという強い意志なくしては生まれません。先ほどの部長さんにも、景気などのせいにして悲観ばかりしていないで自らの努力で楽観できるよう頑張ってもらいたいものです。

二つ目は、「未来を予測する方法」です。

これは、一つ目ともつながっている話ですが、「未来を予測する最も確実な方法は、未来を創り出すことだ」という言葉です。

特に将来展望がなかなか開けない場合、今後の景気や市場環境はどうなるかといった未来について様々な予測に頼りたくなりますが、こうした未来予測は当然ながら不確実なものです。

一方で、自分が行うことの展開については、自分で予測ができるのは当然で、自分で作る未来こそが一番確実なわけです。

国内では少子高齢化が本格化し、国際的にも政治経済情勢が予断を許さない中で、未来を案じて悲観的になっているよりも、その未来を強い意志で自ら切り開いていくことこそ、これからの我々に求められることなのでしょう。

三つ目は、「りんごの木」の話です。これは、「明日死ぬとわかっていても、あなたはりんごの木を植えるでしょう」という言葉から創作された話です。

もともと、この言葉は、宗教改革を行ったマルティン・ルターの「明日地球が滅ぶとしても、あなたはりんごの木を植えるでしょう」という言葉をもとに、地球が滅んでは話が終わってしまうので、少し意味を変えたものだと思います。

この言葉の解説となる話が、以下の「りんごの木」の話です。


ある国に自国の領地内をめぐるのが好きな王様がいました。この王様の一行がある田舎にさしかかった時、一人の老人がりんごの苗木を植えていました。

王様はつかつかと老人に近づき、こう声をかけました。

「ご老人、あなたは一生懸命りんごの苗木を植えておられるが、その苗木が大きくなってりんごの実がなるまでには、失礼だが、間に合わないのではないですか?」

すると、老人は、にっこり笑ってこう答えました。

「王様、私は、小さい頃からおいしいりんごを食べてきましたが、そのりんごの木は一体誰が植えたのでしょうか?」

すると、王様は、りんごのような真っ赤な顔になり、「ご老人、つまらないことを言って申し訳ありませんでした」と言って飛んで逃げて行きました。

人間の寿命は生物学的に120歳が限界だと言われています。一説によると、人間は約60兆個の細胞からできており、これが新陳代謝により平均2・4年ですべて入れ替わるのですが、これを50回繰り返すと細胞分裂が起こらなくなるため死を迎えるのだそうです。つまり、2・4年×50回＝120年が人間の寿命の物理的限界というわけです。したがって、200歳とか300歳という人は存在しません。私たちは、間違いなく、遅かれ早かれそれほど長くない間に死を迎えます。50歳を過ぎた私は、長生きしても残り数十年でしょう。あと100年生きるなんてことはないわけです。

このように人生は悠久の歴史からみればほんの短い期間なのですが、だからと言っていい加減に生きるということはないでしょう。

生きたことの意味や証は、その人の死後も残り続けます。

ここで、中国の三国時代の軍師で名高い諸葛孔明にまつわる逸話を御紹介します。

ご存知のとおり、諸葛孔明は、今から2000年前の中国で、魏、蜀、呉の三国がしのぎを削っている中、蜀の劉備から三顧の礼で迎えられて辣腕をふるった天才軍師と呼ばれる人物ですが、その子孫が諸葛村に住んでいます。

その村では、今でも、毎年正月になると、孔明の残した文章の中から好きな一節を選んで紙に書き、玄関に貼るのだそうです。

昨年も、今年も、来年もその行事は続きます。こうして、2000年もの長い間、孔明の言葉が生き続けていますし、今後も生き続けていくのでしょう。

「人は死んでしまうと全てが終わる」のではないことのまさに証左だと思いませんか。もちろん、孔明のような高名な人物（駄洒落ではないです）ではなくとも、「うちのおじいちゃんは年をとっても頑張って勉強し続けていたな」とか、「うちのおばあちゃんは最後まで家族のことを優しく見守って温かい助言をたくさんくれたよな」とか、市井の人々の中にも、いつまでも人の心にその姿や言葉が残り続ける人は多くいます。

この話に関連して御紹介したいのは、江戸時代の儒学者、佐藤一斎の言葉です。

「若くして学べば、壮にして為すことあり
壮にして学べば、老いて衰えず
老いて学べば、死して朽ちず」

私なりの解釈は、こうです。

若いときに勉強しておけば、壮年期に業績を残せる。
壮年期に勉強しておけば、年老いても衰えることなく頑張れる。
老年期になっても勉強を続けていれば、死んでもその努力の結果は朽ち果てることはない。

私自身、この言葉を反芻しながら、たとえ棺桶に片足を突っ込みながらでも、人生最後の一瞬まで、学ぶ努力を続けたいと静かに考えています。
そして、地方創生に携わるに際しても、命尽き果てるまで「りんごの木」を植え続ける覚悟です。

その姿をきっと誰かが見てくれていて、「よし、自分もりんごの木を植えよう」と思ってくれることを信じて。

おわりに

本書の作成のきっかけは、地方創生やＩＴをテーマに、平成27年11月及び12月に「和《なご》や会」（主催：　佐藤勝美　エヌ・エス・アシスト株式会社代表取締役）と「国家生存戦略研究会」（会長：矢野義昭　元陸上幕僚監部陸将補）で筆者が講演を行ったところ、意外に評判が良く、特に後者の講演を聞かれていた株式会社国書刊行会の田中聡一郎氏から、前著「情報は誰のものか」（海文堂）に続く著作を勧めて頂いたことでした。

ちょうど、独立行政法人情報処理推進機構（ＩＰＡ）で「地方創生とＩＴ」研究会を立ち上げようとしていたところだったので、この研究会における議論に資する論点の提示と議論のまとめという貢献の意味も含めて、地方創生に関連する考え方を文章にしておこうという思いに至りました。

そして、この機会を活かして二つの点を述べてみたいと思いました。

一つは、「橘街道プロジェクト」を例として地域振興のモデルを提示することを通じ、今後の地方創生に向けた様々な取り組みのヒントになればと考えたことです。

もう一つは、こうした地域振興が我が国経済社会に与える影響やインパクトについても同時に意識することによって、単なる地方政策や経済政策だけではなく、国家戦略としての外交や安全保障にまで地域振興が関連することにも触れてみたいと考えたことです。

さらに、実はもう一つ、この二点を述べることを通じて、三番目の隠されたテーマ（Hidden Agenda）を通奏低音のように流し続けて読者の皆さんに訴えたいと思いました。

それは、本文の中でも触れましたが、日々の仕事や生活の中で、忙しさからついつい目の前の課題や仕事に振り回されてしまいがちですが、今自分のやっていることは、そもそも何のためなのか、その目的実現に今やっていることは適切な事柄なのか、そして、その事柄を実際に行うやり方は有効で効率的な適切な方法なのかを常に意識する姿勢の重要性を改めて問うてみたいと考えたことでした。

つまり、何故・何のために（WHY）という戦略、その戦略を実現するのに何が必要かという戦術（WHAT）、その戦術を実施するのに最もふさわしい手段は何かという方法論（HOW）を明確に意識しながら日々のビジネスや生活に取り組むことの大切さを訴えたかったのです。

先日、あるＩＴ関係の団体が主催するシンポジウムで「受験サプリ」を開発した若い技術者の方の話を聞きました。

受験サプリは、わずか月額９８０円という価格でカリスマ講師の講義がスマホやパソコンなどで見放題という安価で便利な受験勉強用のツールですが、これを何のために開発したのかというと、「二つの格差」を解消したかったからだそうなのです。

一つ目の格差は、貧富の格差です。親が裕福な子供は、有名予備校や塾などの高い授業料が払えて有名大学に進学し、大手企業に就職して高い給料をもらえて、またその子供はお金をかけて教育が受けられるということが繰り返されると、貧富の格差が固定化されてしまいます。

二つ目の格差は、都会と地方の格差です。都会では、大手有名予備校があり、高度な受験指導を受けることができますが、中山間地域や離島などの地方では、こうした予備校や塾などに通うことは困難で、こうした教育の格差は容易には解消しません。

そこで、安価に、いつでもどこでも高度な教育を受けることをＩＴの力で実現しようとしたのが「受験サプリ」というわけです。

しかしながら、その開発過程では、社内で「そんな価格でできるのか」「大手有名予備校のようなコンテンツが提供できるのか」などの猛反対に遭い、ボコボコにされたそうです。そうした逆風の中でも、必死になって取り組んでいると、ある上司が頑張ってやってみろと応援してくれたりして、何とか実現したそうです。いい会社ですよね。この会社は、皆さん御存知のリクルート社です。

そして、最後に、その開発者が、なぜそこまで社内でボコボコにされながらも頑張ったのかを語りました。

「僕自身、母子家庭に育ったので、自分のような思いをする子供たちを一人でも無くしたかったから頑張りました」

何という高い志でしょうか！

私は、ＩＴ関係でも数多くのセミナーやシンポジウムの類で講演を聞いてきましたが、講演会場で涙が止まらなかったのはこれが初めてでした。

「何をするか」「どうやるか」の前提として、「何のためにするか」がしっかりしていれば、このように実現困難と思われる強固な壁を突き破って新たな価値を生み出すことができるのでしょう。

私が本書の中で申し上げたかった三つめの隠されたテーマを最後に述べさせて頂きました。

本書の作成に当たっては、きっかけづくりから出版に至るまで株式会社国書刊行会の田中聡一郎氏に大変お世話になりました。

また、独立行政法人情報処理推進機構（ＩＰＡ）の「地方創生とＩＴ」研究会では、準備の過程や研究会での議論を通じて極めて有益な示唆を得ることができました。その運営の中心となって活躍してもらった戦略企画部の羽鳥健太郎調査役、中山顕研究員（当時）や資料作成等で助力頂いた柳生沙紀子さんをはじめ、ＩＰＡ関係者の皆さん及び同研究会に御参加頂いた多くの有識者の方々に改めて感謝を申し上げる次第です。

特に、川島宏一筑波大学教授には、前著「情報は誰のものか」（海文堂）の根幹となった同機構の「社会課題ソリューション研究会」に引き続き、多くのアドバイスや情報を頂きました。

最後に、どんなときも私を支えてくれる家族に感謝し、擱筆することとします。

平成28年10月

（前）独立行政法人情報処理推進機構
参事兼戦略企画部長　中村　稔

参考文献

○情報は誰のものか　～農業、医療、エネルギー、オープンガバメント、ダイバーシティとＩＴ（海文堂）独立行政法人情報処理推進機構「情報は誰のものか」編集委員会　編

○月刊リーチかんさい「橘街道プロジェクト　総集編」（一般社団法人経済産業調査会近畿支部）経済産業省近畿経済産業局総務企画部長　中村稔

○自立する関西へ　～発送の転換と未来戦略（晃洋書房）塩沢由典　監修　関西活性化研究会　編著

○関西のポテンシャル　～伝統文化と成長エンジン（晃洋書房）塩沢由典　監修　関西活性化研究会編著

○アジアとつながる関西経済　～〝大粒〟の感動を世界に発信（関西学院大学出版会）関西学院大学産業研究所　産経新聞大阪本社　編

○地方消滅　～東京一極集中が招く人口急減（中公新書）増田寛也　編著

○ザ・プラットフォーム～ＩＴ企業はなぜ世界を変えるのか（ＮＨＫ出版新書）尾原和啓

○企業変革のためのＩＴ戦略（東洋経済新報社）室井雅博　譲原雅一

○プラットフォーム戦略（東洋経済）平野敦士カール　アンドレイ・ハギワ

○グローバル・イノベーション　～日本を変える３つの革命（朝日新聞出版）藤井清隆

○グーグルで必要なことはみんなソニーが教えてくれた（新潮文庫）辻野晃一郎

○暴走する地方自治（ちくま新書）田村秀

○日本のアニメは何がすごいのか（祥伝社新書）津堅信之

○ディズニーランドの秘密（新潮新書）有馬哲夫

○H．I．S澤田秀雄の「稼ぐ観光」経営学（イースト新書）木ノ内敏久
○天皇陛下を見るとなぜ涙が出るのか　日本人の〝天皇観〟（双葉新書）河合敦
○日本はなぜ世界で一番人気があるのか（PHP新書）竹田恒泰
○食は国家なり！　日本の農業を強くする5つのシナリオ（アスキー新書）横山和成
○人が死滅する中国汚染大陸　超複合汚染の恐怖（経済界新書）澁谷司
○東京一極集中が日本を救う（ディスカバー携書）市川宏雄
○月刊「たる」8月号及び9月号　座談会記事（たる出版）西川定良・三谷英弘・中村稔
○ハーバードでいちばん人気の国・日本（PHP新書）佐藤智恵
○ブランド王国　スイスの秘密（日経BP）磯山友幸
○ブランド・マーケッティング（同文館出版）山口正浩　木下安司
○ブランドの条件（岩波新書）山田登世子
○100円のコーラを1000円で売る方法（中経出版）永井孝尚
○グローバル・ニッチトップ企業論（白桃書房）細谷祐次
○この指とまれ（講談社）南部靖之　本宮ひろ志
○生体肝移植　－京大チームの挑戦－（岩波新書）後藤正治
○大丈夫か？マイナンバー（ワニブックス「PLUS」新書）西村康稔
○ドバイがクール（三一書房）槇嶋公
○インテルの製品開発を支えるSFプロトタイピング（亜紀書房）ブライアン・デイビット・ジョンソン
○思考停止社会「遵守」に蝕まれる日本（講談社現代新書）郷原信郎

○電通とリクルート（新潮新書）山本直人
○アメリカはいつまで超大国でいられるか（祥伝社新書）加瀬英明
○「ドイツ帝国」が世界を破滅させる　日本人への警告（文春新書）エマニュエル・トッド
○ドイツリスク　「夢見る政治」が引き起こす混乱（光文社新書）三好範英
○ドイツで日本とアジアはどう報じられているか？（祥伝社新書）川口マーン恵美
○善意の架け橋　ポーランド魂とやまと心（文藝春秋）兵頭長雄
○沖縄の不都合な真実（新潮新書）大久保潤、篠原章
○誰が沖縄を殺すのか（ＰＨＰ新書）ロバート・Ｄ・エルドリッヂ
○中国はなぜ「反日」になったか（文春新書）清水美和
○なぜ中国はこんなにも世界で嫌われるのか（幻冬舎新書）内藤明宏
○語られざる中国の結末（ＰＨＰ新書）宮家邦彦
○中国経済の正体（講談社現代新書）門倉貴史
○チャイナ・ルール　不可解中国人の行動原理（双葉新書）小林純子
○誰も書かない中国進出企業の非情なる現実（祥伝社新書）青木直人
○中国　目覚めた民衆　習近平体制と日中関係のゆくえ（ＮＨＫ出版新書）興梠一郎
○中国人の誤解　日本人の誤解（日経プレミアシリーズ）中島恵
○中国（チャイナ）４・０　暴発する中華帝国（文春新書）エドワード・ルトワック
○ＰＵＢＬＩＣ ＤＥＳＩＧＮ　新しい公共空間の作り方（学芸出版社）馬場正尊
○古事記・日本書紀（ナガオカ文庫）鈴木靖民

○長の記（幻冬舎ルネッサンス）西川正純
○電気のごみ（リサイクル文化社）崎田裕子、鬼沢良子、中岡悦子、植木恭子
○低線量放射線を超えて　福島・日本再生への提案（小学館１０１新書）宇野賀津子
○原発「危険神話」の崩壊（ＰＨＰ新書）池田信夫
○総理（幻冬舎）山口敬之
○なにわ大阪　興亡記（ＰＨＰ文庫）堀井良殷
○こんなに違う　京都人と大阪人と神戸人（ＰＨＰ文庫）丹波元
○にっぽん聖地巡拝の旅（大法輪閣）玉岡かおる

著者紹介

著者

中村　稔（なかむら・みのる）

昭和37年生まれ。広島県出身。東京大学法学部卒。
昭和61年に通商産業省（現・経済産業省）に入省。技術開発、情報システム開発、知的財産保護、オゾン層保護対策に携わり、平成5年から8年まで在ポーランド日本国大使館一等書記官としてワルシャワに駐在。帰国後は、航空機武器産業、原子力安全、環境・企業立地などを担当した後、石油公団総務課長、中東アフリカ室長、大臣官房参事官、石油流通課長を務めた。地方へは、近畿経済産業局の総務課長と総務企画部長として大阪で2回勤務し、兵庫県庁出向（産業振興局長と産業労働部長）で神戸にも赴任した。平成25年夏から平成28年夏まで独立行政法人情報処理推進機構（IPA）参事・戦略企画部長。

何《なに》が「地方《ちほう》」を起《お》こすのか
　ＩＴ、「橘街道プロジェクト」、戦略と戦術と方法論

2016年12月1日初版第1刷発行

著　者　中村　稔
発行者　佐藤今朝夫
発行所　株式会社国書刊行会
〒174-0056 東京都板橋区志村1-13-15
電話 03（5970）7421　FAX 03（5970）7427
http://www.kokusho.co.jp
印　刷　株式会社シーフォース
製　本　株式会社村上製本所

ISBN 978-4-336-06108-9